普通高等教育经管类专业"十三五"规划教材

用友ERP生产管理系统实验教程（第2版）

（U8 V10.1） 新税制 微课版

张莉莉 武刚 著

清华大学出版社

北京

内 容 简 介

本书以企业生产经营活动为主线，以突出实战为主导思想，以一个企业单位的生产经营业务为原型，重点介绍了在企业信息化管理环境下各项业务活动的处理方法和处理流程。本书为学员量身定制了十五个实验内容，并提供了实验数据准备账套，以便提高实验效率；提供了 ERP-U8 V10.1 版生产管理系统实验操作视频学习工具，以辅助教学和自学，使学员尽快掌握各个系统功能的操作；提供了 ERP 实战演练短剧，以便体会 ERP 软件环境下企业生产经营活动的情景。本书中的每个实验既环环相扣，又可以独立运行，适应了不同层次、不同进度教学的需要。

本书共分 14 章，第 1 章介绍了用友 ERP-U8 V10.1 生产管理软件的应用基础，包括 ERP 生产管理系统概述、系统运行环境及异常处理、系统管理、共用资料设置和实验的组织设计；第 2~14 章分别介绍了生产制造系统中的客户订货、排程业务、产能管理、生产订单、车间管理、物料清单、工程变更及设备管理 8 个模块，以及与生产管理活动密切相关的销售管理、采购管理、委外管理、库存管理 4 个供应链管理模块及应收款管理、应付款管理 2 个财务会计管理模块的相关功能，并以实验的方式讲解了以上模块的使用和操作方法。本书附录提供了课堂实验的示例拓展，介绍了实验的组织方式、要求及目标，以及业务活动处理的实验操作向导，供教师设计 ERP 实验参考。

本书是用友 ERP 认证推荐实验用书，也可以作为高等院校信息管理与信息系统、工商管理、会计学等相关专业 ERP 相关课程的教学实验用书。

本书封面贴有清华大学出版社防伪标签，无标签者不得销售。
版权所有，侵权必究。举报：010-62782989，beiqinquan@tup.tsinghua.edu.cn。

图书在版编目(CIP)数据

用友 ERP 生产管理系统实验教程：U8 V10.1：新税制 微课版 / 张莉莉，武刚 著. —2 版. —北京：清华大学出版社，2020.4（2023.8 重印）
普通高等教育经管类专业"十三五"规划教材
ISBN 978-7-302-55157-7

Ⅰ. ①用… Ⅱ. ①张… ②武… Ⅲ. ①企业管理－生产管理－计算机管理系统－高等学校－教材 Ⅳ. ①F273-39

中国版本图书馆 CIP 数据核字(2020)第 047426 号

责任编辑：刘金喜
封面设计：常雪影
版式设计：孔祥峰
责任校对：成凤进
责任印制：曹婉颖

出版发行：清华大学出版社
网　　址：http://www.tup.com.cn，http://www.wqbook.com
地　　址：北京清华大学学研大厦 A 座　　　邮　编：100084
社 总 机：010-83470000　　　　　　　　　邮　购：010-62786544
投稿与读者服务：010-62776969，c-service@tup.tsinghua.edu.cn
质 量 反 馈：010-62772015，zhiliang@tup.tsinghua.edu.cn

印 装 者：三河市龙大印装有限公司
经　　销：全国新华书店
开　　本：185mm×260mm　　印　张：19.75　　字　数：433 千字
版　　次：2016 年 3 月第 1 版　　2020 年 5 月第 2 版　　印　次：2023 年 8 月第 4 次印刷
定　　价：68.00 元

产品编号：086163-03

序

用 ERP 武装中国企业

中国企业在经历了"发挥劳动力成本优势""装备现代化"两个发展阶段后,现在正进入以应用 ERP 为代表的"企业信息化"发展阶段,并为"自主技术与产品研发"阶段建立基础。

ERP(企业资源计划)系统是当今世界企业经营与管理技术进步的代表。对企业来说,应用 ERP 的价值就在于通过系统的计划和控制等功能,结合企业的流程优化,有效地配制各项资源,以加快对市场的响应,降低成本,提高效率和效益,从而提升企业的竞争力。

在发达国家,ERP 从 20 世纪 90 年代中期开始普及。中国从 20 世纪 80 年代开始导入 ERP 的前身 MRP 及 MRP Ⅱ,经过导入期和发展期,现在开始进入 ERP 普及应用时期。在 ERP 普及时代,ERP 将不只是少数大型企业的贵族式消费,而是更广泛企业(包括中小企业)的大众化应用。

在中国 ERP 的发展时期,国产 ERP 产品和服务能力得到长足发展。国产 ERP 以其产品结合中国和亚洲商业环境与管理模式、技术上的后发优势、深入的服务网络及良好的性价比在中国和亚洲市场逐步成为主流,将对中国 ERP 普及发挥主力军的作用。

在 ERP 普及时代,企业需要大量的 ERP 应用人才,全社会需要 ERP 知识的广泛普及。用友公司作为中国 ERP 应用市场最大的软件及服务提供商,不仅把推动 ERP 在中国企业普及作为我们的商业计划,更作为全体用友人的历史使命和共同追求的事业。出版"用友 ERP 系列丛书"就是用友普及教育计划的一个重要组成部分。

ERP 应用是中国企业继装备现代化("硬武装")之后的又一次武装("软武装")。我们期待着 ERP 在中国企业的普及应用,让千百万中国企业的经营与管理水平获得一次历史性的进步,让中国企业在全球市场的竞争力实现跨越式提升。

用友网络科技股份有限公司董事长兼总裁

前　　言

随着企业信息化建设的全面推进，企业对信息化管理人才的需求越来越迫切。ERP(企业资源计划)系统融先进管理思想、最佳企业业务实践于一体，受到企业界的广泛关注，几乎成为企业管理软件的代名词。作为中国最大的企业管理 ERP 软件供应商，用友 ERP 在国内得到了最广泛的应用。正是洞悉了企业对 ERP 应用人才的迫切需求，用友软件于 2003 年推出了面向社会大众的"用友 ERP 认证"，旨在普及 ERP 教育，提升学员的 ERP 应用技能，帮助企业建立遴选 ERP 应用人才的标准。

用友公司根据市场的用人需求，结合多年行业应用经验，设置了具有前沿性和实用性的培训课程，既有理念体系贯穿其中，展示 ERP 蕴含的先进管理思想，又有大量实用技能的培训，使学员熟练掌握 ERP 应用技术，具有利用 ERP 系统管理企业业务的能力。

为了规范认证业务，用友软件组织了相关行业的专家、院校教师和实施顾问等，成立了用友 ERP 认证课件编写组，并收集大量资料、企业案例等，精心策划、共同开发用友 ERP 认证系列实验用书，本书即为其中之一。

本书在上一版的基础上，根据国家政策的变化修改了一些资料，并制作了新的数据账套和 MP4 格式的学习视频及其二维码。本书旨在从企业应用的实际出发，遵循由浅入深、循序渐进的原则，力求通俗易懂，便于操作。读者可以通过一个个实验亲自体验 ERP 生产管理系统的功能，掌握其功能特点及应用方法，提高企业信息化环境下的业务处理能力。

本书共分 14 章，以用友 ERP-U8 V10.1 管理软件为实验平台，以一个企业的生产经营业务为线索贯穿始终，分别介绍了 ERP 生产管理系统中物料清单、主生产计划、产能管理、需求规划、生产订单、车间管理、工程变更、设备管理的生产制造模块，以及与生产管理活动有关的销售管理、采购管理、委外管理、库存管理、应收款管理及应付款管理等模块的相关功能。除了第 1 章外，每章的内容都包括业务概述、系统业务流程和实验内容三个部分。每个实验都包括实验目的、实验要求、实验资料和操作指导及思考题等内容。本书附录提供了实验示例供教师设计实验参考。

- "业务概述"主要介绍各个系统的基本功能、相关子系统功能模块之间的关系及实验应用准备。
- "系统业务流程"介绍了日常的业务流程和主要的业务内容。
- "实验目的"明确了通过该实验应该掌握的知识点。
- "实验要求"指出了为完成本实验所需的操作要求。
- "实验资料"提供了实验的背景资料和应该准备的数据环境。
- "操作指导"针对实验要求和实验资料具体描述了完成实验的操作步骤，并且给出了操作中应该注意的重点问题。

为了更好地辅助教与学活动顺利进行，本书提供了 16 个数据账套，以方便学员在任一业务节点开始学习，满足不同学习进度学员的需求，提高学习的灵活性和效率。

为了方便学员自学，以视频微课的形式，针对每一项实训内容制作了视频学习文件(MP4)共计 13 个，同时制作二维码文件 13 个，在计算机和手机上均可播放使用，为学习提供了极大便利。

本书提供 PPT 课件、数据账套、微课学习视频、用友 ERP-U8 V10.1 教学版软件、ERP 实战演练短剧等资料，读者可通过扫描下方二维码，将链接地址推送到自己的邮箱，从 PC 端进行下载。若出现无法下载的情况，请致电 010-62784096 或发邮件至 476371891@qq.com。

本书既可以作为与用友 ERP 认证培训教程配套的实验用书，又可以作为高等院校开设的有关 ERP 原理与应用等相关课程的实验用书，还可以供学员单独自学使用。使用对象为希望了解信息化应用的高等院校工商管理、会计学、信息管理与信息系统等专业的学生和教师。

本书由张莉莉、武刚著，全面负责设计策划、资料准备、案例数据编写、文稿撰写和审校等工作。在编写过程中得到了北京林业大学经济管理学院企业管理专业研究生文金婷、夏明慧等同学的大力协助，她们在"ERP-U8 V10.1 版生产管理系统实验"的数据账套制作和实验操作视频录制等工作方面付出了大量的时间和精力，在此对她们表示衷心的感谢！感谢用友网络科技股份有限公司及新道科技股份有限公司北京分公司提供拍摄场所，并组织拍摄和短剧后期制作工作。

本书的编写由于时间限制及业务数据关系复杂等原因，可能会有不当和错误之处，恳请读者多提宝贵意见，以备今后进一步修改完善。

张莉莉 武刚于北京

2019 年 9 月

目　　录

第1章　系统应用基础 ················· 1
　1.1　ERP 生产管理系统概述 ·········· 1
　　　1.1.1　系统特点 ················· 2
　　　1.1.2　总体结构 ················· 2
　　　1.1.3　系统功能模块 ············· 3
　1.2　系统运行环境配置 ·············· 4
　1.3　系统运行及异常问题处理 ········ 4
　　　1.3.1　U8 系统运行 ·············· 4
　　　1.3.2　异常问题解决 ············· 4
　1.4　系统管理 ······················ 7
　　　1.4.1　初始化数据库设置 ········· 9
　　　1.4.2　建立账套 ················ 10
　　　1.4.3　启用系统 ················ 10
　　　1.4.4　设置用户及其权限 ········ 11
　　　1.4.5　输出与引入账套数据 ······ 13
　　　1.4.6　输出与引入账套库数据 ···· 14
　1.5　设置共用资料 ················· 15
　1.6　实验的组织 ··················· 38
　　　1.6.1　实验设计方法 ············ 38
　　　1.6.2　实验案例情景设计 ········ 40

第2章　客户订货 ····················· 61
　2.1　业务概述 ····················· 61
　　　2.1.1　功能概述 ················ 61
　　　2.1.2　相关子系统功能模块
　　　　　　之间的关系 ··············· 62
　　　2.1.3　应用准备 ················ 62
　2.2　系统业务流程 ················· 63
　　　2.2.1　日常业务流程 ············ 63
　　　2.2.2　主要业务内容 ············ 63
　2.3　实验一　客户订货 ············· 64

第3章　排程业务 ····················· 72
　3.1　业务概述 ····················· 72
　　　3.1.1　功能概述 ················ 72
　　　3.1.2　相关子系统功能模块
　　　　　　之间的关系 ··············· 75
　　　3.1.3　应用准备 ················ 75
　3.2　系统业务流程 ················· 76
　　　3.2.1　日常业务流程 ············ 76
　　　3.2.2　主要业务内容 ············ 77
　3.3　实验二　排程业务 ············· 78
　3.4　补充实验一　销售预订单
　　　处理 ·························· 95
　3.5　补充实验二　需求预测订单
　　　的处理 ······················· 111

第4章　产能管理 ···················· 122
　4.1　业务概述 ···················· 122
　　　4.1.1　功能概述 ··············· 122
　　　4.1.2　相关子系统功能模块
　　　　　　之间的关系 ·············· 123
　　　4.1.3　应用准备 ··············· 123
　4.2　系统业务流程 ················ 123
　　　4.2.1　日常业务流程 ··········· 123
　　　4.2.2　主要业务内容 ··········· 124
　4.3　实验三　产能管理 ············ 125

第5章　采购业务 ···················· 140
　5.1　业务概述 ···················· 140
　　　5.1.1　功能概述 ··············· 140
　　　5.1.2　相关子系统功能模块
　　　　　　之间的关系 ·············· 140
　　　5.1.3　应用准备 ··············· 141

5.2 系统业务流程……………………141
    5.2.1 日常业务流程……………141
    5.2.2 主要业务内容……………141
5.3 实验四 采购业务………………143

第6章 委外业务……………………158
6.1 业务概述………………………158
    6.1.1 功能概述…………………158
    6.1.2 相关子系统功能模块
          之间的关系………………158
    6.1.3 应用准备…………………159
6.2 系统业务流程……………………159
    6.2.1 日常业务流程……………159
    6.2.2 主要业务内容……………160
6.3 实验五 委外业务………………161

第7章 生产业务……………………174
7.1 业务概述………………………174
    7.1.1 功能概述…………………174
    7.1.2 相关子系统功能模块
          之间的关系………………175
    7.1.3 应用准备…………………175
7.2 系统业务流程……………………175
    7.2.1 日常业务流程……………175
    7.2.2 主要业务内容……………176
7.3 实验六 生产业务………………177

第8章 车间管理……………………192
8.1 业务概述………………………192
    8.1.1 功能概述…………………192
    8.1.2 相关子系统功能模块
          之间的关系………………193
    8.1.3 应用准备…………………194
8.2 系统业务流程……………………194
    8.2.1 日常业务流程……………194
    8.2.2 主要业务内容……………194
8.3 实验七 车间管理………………196

第9章 销售发货……………………215
9.1 业务概述………………………215

    9.1.1 功能概述…………………215
    9.1.2 相关子系统功能模块
          之间的关系………………215
    9.1.3 应用准备…………………216
9.2 系统业务流程……………………216
    9.2.1 日常业务流程……………216
    9.2.2 主要业务内容……………217
9.3 实验八 销售发货业务…………217

第10章 制单业务…………………227
10.1 业务概述………………………227
    10.1.1 功能概述…………………227
    10.1.2 相关子系统功能模块
           之间的关系………………228
    10.1.3 应用准备…………………229
10.2 根据销售和采购业务进行
     制单的业务流程………………229
    10.2.1 日常业务流程……………229
    10.2.2 主要制单业务内容………230
10.3 实验九 应收款和应付款
     管理系统的制单业务…………231

第11章 期末处理…………………252
11.1 业务概述………………………252
    11.1.1 功能概述…………………252
    11.1.2 相关子系统功能模块
           之间的关系………………252
    11.1.3 应用准备…………………253
11.2 系统业务流程……………………253
    11.2.1 日常业务流程……………253
    11.2.2 主要业务内容……………254
11.3 实验十 期末处理………………254

第12章 物料清单…………………260
12.1 业务概述………………………260
    12.1.1 功能概述…………………260
    12.1.2 相关子系统功能模块
           之间的关系………………260
    12.1.3 应用准备…………………261

12.2 系统业务流程 ………………261
 12.2.1 日常业务流程 …………261
 12.2.2 主要业务内容 …………261
12.3 实验十一　物料清单维护 ……262

第 13 章　工程变更 ………………270
13.1 业务概述 ……………………270
 13.1.1 功能概述 ………………270
 13.1.2 相关子系统功能模块
   之间的关系 ……………270
 13.1.3 应用准备 ………………271
13.2 系统业务流程 ………………271
 13.2.1 日常业务流程 …………271
 13.2.2 主要业务内容 …………272
13.3 实验十二　工程变更管理 …272

第 14 章　设备管理 ………………280
14.1 业务概述 ……………………280
 14.1.1 功能概述 ………………280
 14.1.2 相关子系统功能模块
   之间的关系 ……………281
 14.1.3 应用准备 ………………281
14.2 系统业务流程 ………………282
 14.2.1 日常业务流程 …………282
 14.2.2 主要业务内容 …………283
14.3 实验十三　设备管理 ………283

附录　"ERP 生产管理系统"
  实验操作向导 ………………291

第1章

系统应用基础

1.1 ERP 生产管理系统概述

本书以制造业企业生产经营业务流程为主线，通过对 ERP 生产管理系统的相关功能模块的讲述来开展实验教学，旨在让学员了解企业生产经营活动的管理流程和管理方法，理解企业信息管理中的集成性、一致性、实时性和协同性，体会信息化建设对企业管理的作用。

管理的基本职能是计划、组织和控制，生产经营管理就是通过有计划、有组织的生产活动，生产出用户满意的产品，实现最大投入产出率的全过程控制。管理的目标是要达到"在需要的时候，以适宜的价格，向客户提供具有质量保证的产品和服务"，体现在严格按照客户要求的品种、数量、交货期和质量进行制造产品或提供服务的管理过程中。生产经营活动是企业经营管理的核心内容，涉及顾客服务、营销管理、生产计划与控制、质量保证、库存管理、工作执行、财务管理、人力资源管理等方面的活动，对它们所实施的管理从根本上而言就是对这些活动中所使用的人力、财力、物力等诸多生产要素及资源进行合理配置的管理。

对于一个产品制造企业而言，生产管理系统是一个复杂的系统，它由物质系统和管理系统构成。物质系统包括车间、设备、运输工具、原材料、半成品、产成品等，然而，要使生产经营活动按照既定目标得以实现，必须要有包括计划、控制功能的管理系统，通过计划来规定整个业务活动的流程，通过控制使业务活动按照标准流程运作，通过信息反馈对计划进行修正而使其更加合理化和科学化。可见，企业生产经营活动的管理包含物质活动和管理活动，它们的起点是市场，而市场是以客户需求为中心、为导向的。

1.1.1 系统特点

用友 ERP 生产管理系统是 ERP-U8 V10.1 管理软件的重要组成部分，是企业信息化管理中核心的和有效的方法和工具。它可以面向离散型和半离散型的制造企业资源管理的需求，遵循以客户为中心的经营战略，以销售订单及市场预测需求为导向，以计划为主轴，覆盖了面向订单采购、订单生产、订单装配和库存生产四种制造业生产类型，并广泛应用于机械、电子、食品、制药等众多行业。

生产管理系统的业务活动涉及企业的销售、计划、生产、采购、委外、库存、财务等业务管理内容，其中，"生产制造"子系统主要包括物料清单、主生产计划、需求规划、产能管理、生产订单、车间管理、工序委外、工程变更、设备管理等模块功能。

1.1.2 总体结构

企业以产品销售订单为起点，以计划为主轴的生产经营管理活动的工作流程如图 1-1 所示。

图 1-1　企业生产经营管理活动的工作流程

由图 1-1 所示的生产经营活动业务流程可见：第一，企业销售部门业务员根据客户的需求，从产品、规格型号、价格、有效期限、折扣等方面对客户进行产品报价，并进一步了解客户的购买意愿和需求；第二，当与客户签订了销售合同之后，将客户的实际需求和市场预测的需求相结合，由企业计划部门制订主生产计划和物料需求计划；第三，结合企业的资源产能情况分析、检查主生产计划和物料需求计划是否可行，如果可行，方可进一步编制企业的采购计划、生产计划和委外计划，以便采购部门和生产部门组织对外采购、加工外包和加工制造的业务工作，否则，需要重新调整生产计划，甚至销售订单，直到生产需求与资源能力达到平衡为止；第四，采购部门按照采购计划组织安排采购人员开展所需料品的采购业务活动，生产部门根据生产计划组织车间或工作中心完成生产加工任务，生产部门按照委外计划安排委外商来企业领料回厂加工生产；第五，采购部门将采购到货的物料交付给仓库，仓库负责进行入库业务处理，委外加工完成和车间加工生产完成的料品交付给仓库，仓库负责办理入库处理业务；第六，产成品完工入库以后，销售部门根据销售订单或销售合同组织向客户发货，由仓库负责进行出库业务处理；第七，财务部门负责对采购和委托加工的料品的应付款项进行付款结算和账务处理，对销售部门销售的料品进行收款结算和账务处理。

1.1.3 系统功能模块

用友 ERP-U8 V10.1 系统将生产制造、供应链和财务业务等企业经营管理的各个环节集成为一体，体现了系统数据的集成性、共享性和时效性，实现了对企业资金流、物流和信息流的统一管理。生产管理系统的业务活动涉及企业的销售、计划、生产、采购、委外、库存、财务等业务管理内容，因此，该软件通过相应模块的功能对上述各项业务工作进行数据处理，从而完成企业的各项业务活动。这些模块共用的基础信息包括企业部门、人员、岗位、存货、仓储、客户、供应商及财务等多方面的资料，这些公共资料数据被用友 ERP-U8 V10.1 各个子系统共享。系统功能模块之间的关系如图 1-2 所示。

图 1-2　系统功能模块之间的关系

1.2 系统运行环境配置

(1) 操作系统配置要求。
- Windows 2000 Professional + SP4(或更高版本) + KB835732-x86
- Windows 2000 Server + SP4(或更高版本) + KB835732-x86
- Windows XP + SP2(或更高版本)
- Windows 2003 + SP2(或更高版本)
- Windows Vista + SP1(或更高版本)
- Windows 2008
- Windows 7/8/10

(2) 数据库配置要求。
- Microsoft SQL Server 2000 + SP4(或更高版本)
- Microsoft SQL Server 2005 + SP2(或更高版本)
- Microsoft SQL Server 2008/2012

(3) 浏览器配置要求。
Internet Explorer 6.0 + SP1 或更高版本。

(4) 信息服务器(IIS)配置要求。
IIS 5.0 或更高版本。

(5) .NET 运行环境。
使用.NET Framework 2.0 Service Pack 1 以上。

安装.NET运行环境：.NET Framework 2.0 Service Pack 1。安装文件在软件"用友U8V10.1SETUP \3rdProgram\NetFx20SP1_x86.exe"中。

1.3 系统运行及异常问题处理

1.3.1 U8 系统运行

(1) 启动 SQL Server 服务管理器。
(2) 启动 U8 系统应用服务管理器。

在配置完成运行环境以后，运行 U8 系统前，需要先启动这两个服务，成功后即可运行系统管理、企业应用平台等各个 U8 模块。

1.3.2 异常问题解决

(1) MS-SQL Server 中的 MSDTC 服务不可用(如图 1-3 所示)。
解决办法：打开 Windows 控制面板/管理工具/服务/Distributed Transaction Coordinator/

属性/启动，启动类型选择手动或自动。

图 1-3　MSDTC 服务不可用提示

(2) 启用时若提示"其他系统独占使用，无法启用某些模块"，则是因为已登录的系统关闭后，没有在系统管理中注销它，或者在使用过程中，数据库关闭产生的异常或非正常退出，都会在任务表中保存记录，认为该用户还在使用系统。

解决办法：在 SQL Server 企业管理器中打开数据库 UFSystem 中的两个表 Ua_Task_common 和 Ua_TaskLog，将其中的记录都删除即可。操作指导：执行"开始/程序/Microsoft SQL Server/企业管理器"操作，双击打开 UFSystem 数据库，再双击其中的表，然后再打开 Ua_Task_common 表和 Ua_TaskLog 表(右击，在打开的菜单列表中选择"打开表/返回所有行"选项，如图 1-4 所示)，逐一删除记录。

图 1-4　关闭未正常关闭的系统

(3) 用友 U8 提示"科目(××××××)正在被机器(××××)上的用户(×××)进行(××××)操作锁定，请稍后再试"。

解决方法：在 SQL Server 企业管理器中打开数据库 UFDATA_003_2019 中的表 GL_mccontrol，将其中的记录删除，如图 1-5 所示。

图 1-5　清除 GL_mccontrol 表中的记录

（4）启动 Distributed Transaction Coordinator 服务时，提示 Windows 不能在本地计算机启动 Distributed Transaction Coordinator，有关更多信息，查阅系统事件日志。如果这是非 Microsoft 服务，请与厂商联系，并参考特定服务错误代码 -1073337669。

解决方法：执行"开始/运行"命令，打开"运行"对话框，如图 1-6 所示，输入 cmd，单击"确定"按钮进入命令提示窗，输入 msdtc –resetlog 命令，如图 1-7 所示，执行完成后，即可以启动服务。

图 1-6　"运行"对话框

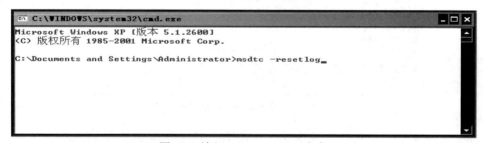

图 1-7　输入 msdtc –resetlog 命令

（5）系统出现异常现象。

解决方法：进入 SQL Server 企业管理器，打开"UFDATA_账套号_年度"或 UFSystem 数据库，找到下列对应表，清除里面的所有记录内容即可。

- Ua_task(功能操作控制表)
- Ua_tasklog(功能操作控制表日志)
- LockVouch(单据锁定表)
- GL_mccontrol(科目并发控制表)
- GL_mvocontrol(凭证并发控制表)
- Gl_mvcontrol(外部凭证并发控制表)
- Fa_control(固定资产并发控制表)
- FD_LOCKS(并发控制表)
- AP_LOCK (操作互斥表)
- ia_pzmutex (核算控制表)——临时表
- gl_lockrows(项目维护控制表)——临时表

1.4 系统管理

用友 U8 软件产品是由多个产品组成的,各个产品之间相互联系、数据共享,完全实现财务业务一体化的管理。系统管理是用友 ERP-U8 V10.1 的运行基础,它为其他子系统提供账套、账套库及其他相关的基础信息。

系统管理的功能包括:对账套的建立、修改、引入和输出管理;对账套库的建立、引入、输出、初始化、清空账套库数据;对角色、用户、权限分配的集中管理,以及对系统安全的管理等。系统管理的使用者是企业的信息管理人员,包括系统管理员 admin、安全管理员 sadmin、管理员用户和账套主管,他们可操作的权限明细如表 1-1 所示。

表 1-1 系统管理员(admin)、安全管理员(sadmin)、管理员用户和账套主管权限明细

主要功能	详细功能 1	详细功能 2	系统管理员(admin)	安全管理员(sadmin)	管理员用户	账套主管
账套操作	账套建立	建立新账套	Y	N	N	N
		建立账套库	N	N	N	Y
	账套修改		N	N	N	Y
	数据删除	账套数据删除	Y	N	N	N
		账套库数据删除	N	N	N	Y
	账套备份	账套数据输出	Y	N	N	N
		账套库数据输出	N	N	N	Y
	设置备份计划	设置账套数据备份计划	Y	N	N	N
		设置账套库数据备份计划	Y	N	Y	Y

(续表)

主要功能	详细功能1	详细功能2	系统管理员(admin)	安全管理员(sadmin)	管理员用户	账套主管
账套操作	设置备份计划	设置账套库增量备份计划	Y	N	Y	Y
	账套数据引入	账套数据引入	Y	N	N	N
		账套库数据引入	N	N	N	Y
	升级SQL Server数据		Y	N	Y	Y
	语言扩展		N	N	N	Y
	清空账套库数据		N	N	N	Y
	账套库初始化		N	N	N	Y
操作员与权限	角色用户	角色操作	Y	N	Y	N
		用户操作	Y	N	Y	N
	权限	设置普通用户、角色权限	Y	N	Y	Y
		设置管理员用户权限	Y	N	N	N
其他操作	安全策略		N	Y	N	N
	数据清除及还原	日志数据清除及还原	N	Y	N	N
		工作流数据清除及还原	Y	N	N	N
	清除异常任务		Y	N	Y	N
	清除所有任务		Y	N	Y	N
	清除选定任务		Y	N	Y	N
	清退站点		Y	N	Y	N
	清除单据锁定		Y	N	N	N
	上机日志		Y	Y	Y	N
	视图	刷新	Y	Y	Y	Y

注：Y 表示具备权限，N 表示不具备权限；管理员用户可操作的功能，以其实际拥有的权限为准，本表中以最大权限为例。

一个账套对应一个经营实体或核算单位，若企业拥有多个经营实体或独立核算单位，则可以拥有多个账套。账套是由一个或多个账套库组成，账套下面的某个账套库对应这个经营实体或独立核算单位的某年度区间内的业务数据。一个账套库可以含有一年或多年的数据。

由于企业经营是持续的，因而企业日常工作也是一个连续性的工作，U8 软件支持在一个账套库中保存连续多年数据，理论上一个账套可以在一个账套库中一直使用下去。但如果需要调整重要基础档案、组织机构及部分业务等，或者一个账套库中数据过多影响了业务处理性能，则需要使用新的账套库并重置一些数据，这样就需要新建账套库，拥有多个年度的账套库。

在使用系统管理功能时，假设计算机系统时间为 2019-09-01，则账套建立的日期和系统启用日期均为 2019-09-01。

1.4.1 初始化数据库设置

ERP-U8 V10.1 软件安装完成以后，系统会自动配置数据源，数据源名称为 default。若提示数据源出现异常，可以对数据源进行重新配置。数据库可以通过初始化清空数据。

1. 配置数据源：连接数据库服务器

菜单路径：开始/程序/用友 ERP-U8 V10.1/系统服务/应用服务器配置或者"开始/程序/用友 ERP-U8 V10.1/企业应用平台/系统服务/服务器配置/应用服务器配置"

在"配置工具"窗口中，单击"数据库服务器"按钮，进入"数据源配置"窗口，单击"增加"按钮，建立数据源(任意起名)，数据库服务器和加密服务器设置为对应服务器的计算机名称或 IP 地址，SA 用户密码为安装 SQL Server 数据库时设定的密码，也可在此处修改认证的密码。测试连接成功后，退出。再单击"服务器参数配置"，检查加密服务器名称是否与服务器名称一致。如上操作即完成了应用服务器设置。此后登录"系统管理"时，"账套"选择新设置的数据源即可。

> **注意：**
> U8 系统安装成功后，默认数据源名称为"default"，若正常，则不必修改或新增。出现异常，不能登录系统时，则如上操作新增或修改数据源。

2. 初始化数据库：创建数据库结构

岗位：系统管理员或安全管理员

菜单路径：开始/程序/用友 ERP-U8 V10.1/系统服务/系统管理/系统/注册

(1) 单击"系统"菜单下的"注册"命令，进入登录界面，操作员为 admin 或 sadmin，密码为空，单击"登录"按钮。

(2) 单击"系统"菜单下的"初始化数据库"命令，进入"初始化数据库实例"窗口，数据库实例为计算机名称，输入 SA 口令后，单击"确定"按钮即可。

> **注意：**
> - 系统管理员 admin、安全管理员 sadmin 的密码默认为空，不要修改密码。
> - SA 口令为安装 SQL Server 时的密码。

1.4.2 建立账套

岗位：系统管理员

菜单路径：开始/程序/用友 ERP-U8 V10.1/系统服务/系统管理/系统/注册或者"开始/程序/用友 ERP-U8 V10.1/企业应用平台/系统服务/系统管理/系统管理"

菜单路径：开始/程序/用友 ERP-U8 V10.1/系统服务/系统管理/账套/建立

(1) 单击"系统"菜单下的"注册"命令，进入登录界面，操作员为 admin，密码为空，单击"登录"按钮。

(2) 在"账套"菜单下执行"建立"命令，用户可以根据向导提示录入各项内容，直到提示账套创建成功为止。

> **注意：**
> - 账套是指一个独立核算单位的一套账，账套号是唯一的，不同的账套之间没有数据关系。本书所建立的账套为"[003] 北京林信钟表制造公司"。
> - 可以自己选择要存放的账套的磁盘路径。
> - 在"会计期间设置"中，双击灰色的月份，可以修改结账日，确定会计期间。
> - 本实验的企业类型为"工业"，选择"行业性质"为"2007 年新会计制度科目"。会计科目编码选择 422 的编码规则，即科目级次到 3 级，编码位长为 8 位(第 1 级 4 位、第 2 级 2 位、第 3 级 2 位)。

1.4.3 启用系统

1. 系统启用方式

由系统管理员创建新账套成功后，系统会自动提示选择是否进入启用系统界面，用户可以一气呵成地完成各个子系统启用的工作。或者由账套主管在"企业应用平台/基础设置/基本信息/系统启用"中进行各子系统的启用操作。

2. 操作指导

(1) 执行"系统启用"命令，窗口中列出所有子系统的名称。

(2) 在方框内打勾，即可选择要启用的子系统。只有系统管理员和账套主管有对系统启用的权限。但是，系统管理员只能在"系统管理"模块中建立账套时操作启用系统；账套主管只能进入"企业应用平台"中启用系统。

(3) 输入启用会计期间的年和月。

(4) 单击"确认"按钮后，可保存此次的启用信息，并将当前操作员写入启用人名单中。

> **注意：**
> 所有的系统进入时都要判断系统是否已经启用，未启用的系统不能登录。

3. 实验资料

本书以一个电子挂钟制造企业(北京林信钟表制造公司)为案例，实验涉及的生产经营管理工作需要启用以下业务子系统：总账、应收款管理、应付款管理、售前分析、销售管理、采购管理、库存管理、存货核算、委外管理、质量管理、物料清单、主生产计划、需求规划、生产订单、产能管理、车间管理、工程变更和设备管理。

1.4.4 设置用户及其权限

岗位：系统管理员(admin)

菜单路径：系统管理/权限

(1) 单击"权限"菜单下的"用户"命令，可对操作员进行增删改、设定角色等操作。本实验设置了两个用户：一个为账套主管 bj1，密码为空；另一个为操作员 bj2，密码为空，他们均可使用本实验启用的所有模块。此外，bj2 的权限再增加"公共单据"和"公用目录设置"两个部分。其中 bj1 的权限在建立账套之前设置，bj2 的权限需要在初始账套建立之后设置。

(2) 单击"权限"菜单下的"权限"命令，可分配操作员的权限。在窗口左侧选择操作员，在窗口右侧上方选中账套和年份，单击工具栏中的"修改"按钮，选中相应的功能模块，最后保存设置即完成操作。

bj1 的权限设置如图 1-8 所示，bj2 的权限设置如图 1-9 所示。

图 1-8 bj1 的权限设置

图 1-9 bj2 的权限设置

(3) 为了减轻系统管理员的工作压力和责任，提高功能权限授权的灵活性，除系统管理员以外，也允许其他用户进行功能权限的授权，即允许其他用户可以对别人的功能权限进行设置。

① 单击"权限"菜单下的"用户"命令，系统管理员在"用户管理"页面上选择某用户(bj1)，单击工具栏中的"转授"按钮，进入"授权成员"界面，单击"增加"按钮，选择目标用户(bj2)，单击"确定"按钮后，即设置了该用户(bj1)能够把权限转授给哪些人(bj2)，如图 1-10 所示。

图 1-10 选择授权成员

② 拥有了转授权限的用户(bj1)可以执行"企业应用平台/系统服务/权限/功能权限转授"菜单命令，进入"权限转授"窗口，选择要转授给的目标用户(bj2)，单击"修改"按钮，弹出"权限分配"页面，选中要转授的功能模块，即可给该用户(bj2)分配权限，如图1-11所示。

③ 如果用户(bj1)想要对其他用户(bj2)收回分配的权限，则在"权限分配"页面把已经转授的权限取消即可，被授权的用户则只拥有其原来的权限。

图 1-11　给目标用户(bj2)分配权限

注意：

- 权限是指对用户设置其能够使用软件处理业务的权限，包括功能权限和数据权限。功能权限可以由系统管理员(admin)和账套主管设置，数据权限由账套主管在"企业应用平台"中设置。
- "权限分配"页面中灰色的部分为目标用户已经拥有的权限，不能对目标用户的已有权限进行更改。
- 系统管理员删除用户能够授权的人时，已经授予的权限依然存在，需要管理员手动调整。例如：系统管理员设置 A 可以对 B 进行转授，A 对 B 也进行了权限转授，此时，系统管理员又设置了 A 不可以对 B 进行权限转授，但 B 仍然还拥有 A 对他转授的权限，因此，还需要系统管理员在"系统管理/权限/权限"中对 B 的权限进行手动取消。

1.4.5　输出与引入账套数据

岗位：系统管理员(admin)

菜单路径：系统管理/账套/输出

菜单路径：系统管理/账套/引入

(1) 由系统管理员(admin)执行"账套"菜单下的"输出"命令，可选择对账套数据进行备份。备份成功后，生成 UFDATA.BAK 和 UfErpAct.Lst 两个文件。即完成账套的全部数据备份。

(2) 由系统管理员(admin)执行"账套"菜单下的"引入"命令，可选择将账套数据导入系统。选择账套的引导文件 UfErpAct.Lst 进行该账套数据的引入。即恢复账套的全部数据。

> **注意：**
>
> - 一个账套对应一个经营实体或核算单位，含有该核算单位的所有数据。若拥有多个核算单位的客户，可以拥有多个账套(最多可以拥有 999 个账套)。账套由一个或多个账套库组成。账套下面的某个账套库对应这个经营实体的某年度区间内的业务数据。每个账套各自独立，账套之间没有数据关系。
> - 若提示"数据库正在使用，引入不成功"，则引入账套失败，主要是因为已登录的系统关闭后，没有在系统管理中注销；或者在使用过程中，数据库关闭产生的异常或非正常退出，都会在任务表中保存一条记录，认为该用户仍在使用系统。解决办法：在任务管理器中结束程序运行，或者见"启用系统"部分的说明，如图 1-4 所示。

1.4.6　输出与引入账套库数据

岗位：账套主管

菜单路径：系统管理/账套库/输出

菜单路径：系统管理/账套库/引入

(1) 由账套主管注册登录进入系统管理界面，执行"账套库"菜单下的"输出"命令，单击"确定"按钮，系统默认按登录时的年度输出账套库。输出成功后，生成 UFDATA.BAK 和 UfErpYer.Lst 两个文件。即完成账套中某年度的数据备份。

(2) 由账套主管执行"账套库"菜单下的"引入"命令，可选择某账套数据导入系统。选择账套的引导文件 UfErpYer.Lst 进行某账套数据的引入。即恢复账套中某年度的数据。

> **注意：**
>
> - 账套库属于账套的下一级，账套中的某个账套库对应这个经营实体的某年度区间内的业务数据。一个账套库含有一年或多年的数据。例如：某单位建立账套"001 正式账套"以后在 2009 年使用，然后在 2010 年期初建立了 2010 年的账套库并使用，此时，"001 正式账套"下面具有两个账套库，即"001 正式账套 2009 年"和"001 正式账套 2010 年"；如果希望连续使用也可以不建立新库，直接录入 2010 年数据，则"001 正式账套"下只有一个账套库，即"001 正式账套 2009—2010 年"。
> - 账套库建立在已有账套库的基础上，通过新账套库建立，自动将老账套库的基本档案信息结转到新的账套库中，对于以前业务产品余额等信息需要在账套库初始化操作完成后，由老账套库自动转入新库的下年数据中。

- 设计账套和账套库两层结构是为了企业管理的需要(如账套上报、跨年度区间数据管理结构调整等)、便于数据备份输出和引入、减少数据的负担,提高应用效率。账套库的输出方式对于有多个异地单位的客户的及时集中管理大有益处。例如:某单位总部在北京,其上海分公司每月需要将最新的数据传输到北京。此时第一次只需上海分公司将账套输出(备份),传输到北京分公司进行引入(恢复),以后再需要传输数据时只需要将账套库输出(备份)传到北京分公司,然后引入(恢复)即可。这种方式使得以后传输只需传输账套库即可,减少了传输的数据量,便于传输提高效率和降低费用。

1.5 设置共用资料

在账套建立之后,需要在"企业应用平台/基础设置"或各业务子系统中对企业的共用资料进行初始设置,由账套主管或授权人员完成操作。

岗位:账套主管或授权人员

1. 设置部门档案

菜单路径:企业应用平台/基础设置/基础档案/机构人员/部门档案

部门档案资料如表 1-2 所示。

表 1-2 部门档案资料

部 门 编 码	部 门 名 称
0	总经理办公室
1	销售部
2	采购部
3	财务部
4	仓管部
5	生产部
6	技术部
7	设备部

2. 设置人员档案

菜单路径:企业应用平台/基础设置/基础档案/机构人员/人员档案

人员档案资料如表 1-3 所示。

表1-3 人员档案资料

人员编码	人员姓名	雇佣状态	人员类别	行政部门	性　　别	是否为业务员
101	章　海	在职	正式工	总经理办公室	男	是
0010	薄宝龙	在职	正式工	销售部	男	是
0020	曹建新	在职	正式工	销售部	男	是
0030	李　梅	在职	正式工	采购部	女	是
0040	刘　东	在职	正式工	采购部	男	是
0050	夏　雪	在职	正式工	财务部	女	是
0060	刘　莉	在职	正式工	仓管部	女	是
0070	李　丽	在职	正式工	仓管部	女	是
0080	王　建	在职	正式工	生产部	男	是
0090	刘　军	在职	正式工	生产部	男	是
0100	汤国强	在职	正式工	技术部	男	是
0102	苏　言	在职	正式工	设备部	男	是

3. 设置地区分类

菜单路径：企业应用平台/基础设置/基础档案/客商信息/地区分类

地区分类资料如表1-4所示。

表1-4 地区分类资料

分 类 编 码	分 类 名 称
01	东北地区
02	华北地区
03	华东地区
04	华南地区
05	西北地区
06	西南地区

编码规则：** *** ****

4. 设置行业分类

菜单路径：企业应用平台/基础设置/基础档案/客商信息/行业分类

行业分类资料如表1-5所示。

表1-5 行业分类资料

分 类 编 码	分 类 名 称
1	工业企业
2	商业企业
3	其他

编码规则：* ** ***

5. 设置供应商分类及其档案

菜单路径：企业应用平台/基础设置/基础档案/客商信息/供应商分类
菜单路径：企业应用平台/基础设置/基础档案/客商信息/供应商档案
供应商分类资料如表1-6所示。

表1-6 供应商分类资料

分 类 编 码	分 类 名 称
01	工业
02	商业
03	其他

供应商档案资料如表1-7所示。

表1-7 供应商档案资料

供应商编码	供应商名称	供应商简称	所属分类	币 种	采购/委外/服务/国外
0010	江苏塑料二厂	江苏塑料二厂	01 工业	人民币	采购
0020	北京铝材厂	北京铝材厂	01 工业	人民币	采购
0030	上海昊恒工贸有限公司	上海昊恒工贸	02 商业	人民币	采购
0040	北京兴隆注塑厂	北京兴隆注塑厂	01 工业	人民币	委外

6. 设置客户分类、级别及其档案

菜单路径：企业应用平台/基础设置/基础档案/客商信息/客户分类
菜单路径：企业应用平台/基础设置/基础档案/客商信息/客户级别
菜单路径：企业应用平台/基础设置/基础档案/客商信息/客户档案
客户分类资料如表1-8所示。

表1-8 客户分类资料

分 类 编 码	分 类 名 称
01	事业单位
01001	学校
01002	机关
02	企业单位
02001	工业
02002	商业
02003	金融
03	其他

编码规则：** *** ****

客户级别资料如表 1-9 所示。

表 1-9 客户级别资料

客户级别编码	客户级别名称
01	VIP 客户
02	重要客户
03	一般客户

客户档案资料如表 1-10 所示。

表 1-10 客户档案资料

客户编码	客户名称	客户简称	所属分类	币种	税号	所属银行	开户银行	银行账号	账户名称	默认值	信用额度
001	湖北华联商厦	湖北华联商厦	02002商业	人民币	430100232847743520	中国工商银行	湖北支行	6222020200075389542	湖北华联商厦	是	500 000
002	北京西单商场	北京西单商场	02002商业	人民币	110101122898630145	北京银行	北京银行	621030029343859	北京西单商场	是	750 000
003	江西省钟表销售分公司	江西钟表公司	02002商业	人民币	360100142369343089	中国银行	江西支行	456351010088505462	江西省钟表销售分公司	是	300 000

> **注意：**
>
> ◆ 如果在"销售管理/销售选项/信用控制"选项卡中，选项"控制客户信用"已被选中，表示将对该客户的销售单据实行信用额度控制。同时，还需要在"基础档案/客商信息/客户档案"的"信用"选项卡中，输入客户的信用额度，并选中"控制信用额度"选项。在此设置基础上，如果客户货款超过其信用余额，则在保存客户的销售订单、发货单等单据时，提示超出信用额度，等待审批人处理或者客户信用问题得到解决后才可以保存并生成相应单据。
>
> ◆ 如果在"应收款管理/设置/选项/权限与预警"选项卡中，选项"信用额度控制"已被选中，则当在应收款管理系统保存录入发票和应收单时，系统将对超出信用额度的单据提示不予保存，并保留起来等待处理。
>
> ◆ 应收款系统和销售管理系统可以分别启用或关闭信用控制，两者互不影响。

7. 设置存货分类

菜单路径：企业应用平台/基础设置/基础档案/存货/存货分类

存货分类资料如表 1-11 所示。

表 1-11 存货分类资料

分 类 编 码	分 类 名 称
01	成品
02	半成品
03	材料

编码规则：** ** ** ** ***

8. 设置存货计量单位

菜单路径：企业应用平台/基础设置/基础档案/存货/计量单位

单击"分组"按钮，先对计量单位进行分组，然后单击"单位"按钮，输入各种计量单位。资料如表 1-12、表 1-13 所示。

存货计量单位组资料如表 1-12 所示。

表 1-12 存货计量单位组资料

计量单位组编码	计量单位组名称	计量单位组类别
01	箱	固定换算率
02	根	固定换算率
03	千克	固定换算率
04	米	固定换算率
05	包	固定换算率
06	元	固定换算率
07	个	固定换算率
08	节	固定换算率
09	无固定计量单位	无换算率

注：只能出现 1 个无固定计量单位和无固定换算率，本实验都选固定换算率。

存货计量单位资料如表 1-13 所示。

表 1-13 存货计量单位资料

计量单位编码	计量单位名称	计量单位组	主单位标志	换算率
01	箱	01 箱	是	1
02	个	01 箱	否	100
03	根	02 根	是	1
04	Gen	02 根	否	1

(续表)

计量单位编码	计量单位名称	计量单位组	主单位标志	换算率
05	千克	03 千克	是	1
06	kg	03 千克	否	1
07	米	04 米	是	1
08	Mi	04 米	否	1
09	包	05 包	是	1
10	Bao	05 包	否	1
11	元	06 元	是	1
12	YUAN	06 元	否	1
13	个	07 个	是	1
14	Ge	07 个	否	1
15	节	08 节	是	1
16	Jie	08 节	否	1
17	包	01 箱	否	10
18	个	05 包	否	10

> **注意：**
>
> ♦ 换算率：录入辅计量单位和主计量单位之间的换算比，如一箱啤酒为 24 听，则 24 就是辅计量单位(箱)和主计量单位(听)之间的换算比。
>   - 主计量单位的换算率自动置为 1。
>   - 无换算计量单位组中不可输入换算率。
>   - 固定换算的计量单位组，辅单位的换算率必须录入。
>   - 浮动换算的计量单位组，可以录入，也可以为空。
>   - 数量(按主计量单位计量) = 件数(按辅计量单位计量) × 换算率。
>
> ♦ 主计量单位标志(打勾选择，不可修改)。
>   - 无换算计量单位组下的计量单位全部默认为主计量单位，不可修改。
>   - 固定、浮动计量单位组：对应每一个计量单位组必须且只能设置一个主计量单位，默认值为该组下增加的第一个计量单位。
>   - 每个辅计量单位都是能和主计量单位进行换算的。

9. 设置仓库档案

菜单路径：企业应用平台/基础设置/基础档案/业务/仓库档案

仓库档案资料如表 1-14 所示。

表 1-14 仓库档案资料

仓库编码	仓库名称	部门	计价方式	仓库属性	参与MRP运算、参与ROP计算	货位管理
0010	原辅料仓库	仓管部	全月平均法	普通仓	是、是	否
0020	成品仓库	仓管部	全月平均法	普通仓	是、是	否
0030	半成品仓库	仓管部	全月平均法	普通仓	是、是	否
0040	委外仓库	仓管部	全月平均法	普通仓	是、是	否
0050	现场仓库	仓管部	全月平均法	普通仓	是、是	否
0060	备件仓库	仓管部	全月平均法	普通仓	否、否	否
ZZ001	借用仓库	仓管部	全月平均法	普通仓	否、否	否

10. 设置存货档案

菜单路径：企业应用平台/基础设置/基础档案/存货/存货档案

存货档案资料如表 1-15 所示。本实验只有电子挂钟是 MPS 件，其他存货均不属于 MPS 件。

表 1-15 存货档案资料

存货编码	存货代码	存货名称	计量单位	存货分类	存货属性	供应倍数	供需政策	固定提前期+变动提前期（变动基数）	成本相关
10000	10000	电子挂钟	个	01 成品	内销、外销、自制	30	PE	1+1(200)	是
11000	11000	机芯	个	02 半成品	外购、生产耗用		PE	3	是
12000	12000	钟盘	个	02 半成品	自制、生产耗用		PE	2	是
12100	12100	长针	根	02 半成品	自制、生产耗用		PE	1	是
12200	12200	短针	根	02 半成品	自制、生产耗用		PE	1	是
12300	12300	秒针	根	02 半成品	自制、生产耗用		PE	1	是
12010	12010	铝材	千克	03 材料	外购、生产耗用		PE	4	是
12400	12400	盘面	个	02 半成品	自制、生产耗用		PE	1	是
12410	12410	盘体	个	02 半成品	委外、生产耗用		PE	2	是
12411	12411	塑料	千克	03 材料	外购、生产耗用		PE	1	是
12420	12420	字模	个	02 半成品	自制、生产耗用		PE	2	是
12421	12421	薄膜	米	03 材料	外购、生产耗用		PE	1	是
13000	13000	钟框	个	02 半成品	委外、生产耗用		PE	2	是
14000	14000	电池	节	02 半成品	外购、生产耗用	10	PE	1	是

> **注意：**
> - 默认仓库：成品仓库包括电子挂钟；原辅料仓库包括铝材、塑料、薄膜；其他料品在半成品仓库。
> - 增值税税率(进项税率、销项税率)设置为13%。
> - 电子挂钟变动提前期为1，变动基数为200；其他料品没有变动提前期。
> - MPS件：只有电子挂钟，其他存货不属于MPS件。
> - 允许BOM母件：电子挂钟、钟盘、长针、短针、秒针、盘面、盘体、字模、钟框。
> - 允许生产订单：电子挂钟、钟盘、长针、短针、秒针、盘面、字模。
> - 允许BOM子件：电子挂钟、机芯、钟盘、铝材、长针、短针、秒针、盘面、盘体、塑料、字模、薄膜、钟框、电池。
> - 关键物料：电子挂钟、机芯、钟盘、铝材、长针、短针、秒针、盘面、盘体、塑料、字模、薄膜、钟框、电池。
> - 所有存货供需政策：PE(期间供应)。
> - 计划方法：R，转换因子为1。

11. 设置凭证类别

菜单路径：企业应用平台/基础设置/基础档案/财务/凭证类别

弹出"凭证类别预置"对话框，选中"记账凭证"，单击"确定"按钮。在弹出的"凭证类别"对话框中，单击"增加"按钮设置凭证的格式，按照不同格式凭证的借贷方科目的条件要求设置完成。可以设置为通用格式的记账凭证格式，或者设置为收付转格式的记账凭证等类型。本实验选用统一格式的记账凭证类型，借贷方科目不受限制。

12. 输入应交增值税明细科目

菜单路径：企业应用平台/基础设置/基础档案/财务/会计科目

应交税费会计科目资料如表1-16所示。

表1-16 应交税费会计科目资料

级次	会计科目编码	会计科目名称
1	2221	应交税费
2	222101	应交增值税
3	22210101	进项税额
3	22210102	进项税额转出
3	22210103	销项税额
3	22210104	已交税金
3	22210105	出口退税

编码规则：**** ** **

13. 设置外币汇率

菜单路径：企业应用平台/基础设置/基础档案/财务/外币设置

外币汇率资料如表 1-17 所示。

表 1-17　外币汇率资料

币　名	币　符	固定汇率	
		日　期	记账汇率
美元	$	2019.09	6.71(注意，小数位必须为 2 位)

14. 设置结算方式

菜单路径：企业应用平台/基础设置/基础档案/收付结算/结算方式

结算方式资料如表 1-18 所示。

表 1-18　结算方式资料

结算方式编码	结算方式名称
1	支票
2	现金

15. 设置付款条件

菜单路径：企业应用平台/基础设置/基础档案/收付结算/付款条件

付款条件资料如表 1-19 所示。

表 1-19　付款条件资料

付款条件编码	付款条件名称	信用天数
01	5/10,2/20,n/30	30
02	n/60	60
03	n/90	90

注意：

- 付款条件又称现金折扣，它是指企业为了鼓励客户偿还货款而允诺在一定期限内给予的规定的折扣优待。这种折扣条件通常可表示为 5/10,2/20,n/30，代表客户在 10 天内偿还货款，可得到 5%的折扣(优惠率 1)，只付原价的 95%的货款；在 20 天内偿还货款，可得到 2%的折扣(优惠率 2)，只付原价的 98%的货款；在 30 天内偿还货款，则需按照全额支付货款；在 30 天以后偿还货款，则不仅要按全额支付货款，还可能要支付延期付款利息或违约金。
- 付款条件主要在采购订单、销售订单、采购结算、销售结算、客户目录、供应商目录中引用。系统最多同时支持 4 个时间段的折扣优惠。

◆ 信用天数指双方规定的最大可延期付款天数，如果超过此天数还款，则不仅要按全额支付货款，还可能支付延期付款利息或违约金，它是输入项，最大值为999。

16. 设置银行档案

菜单路径：企业应用平台/基础设置/基础档案/收付结算/银行档案

银行档案资料如表1-20所示。

表1-20 银行档案资料

编码	名称	个人账是否定长	个人账长度	单位编码	企业账号是否定长
00001	中国光大银行	否	11		
00002	中国银行	否	11		
01	中国工商银行	否	11		是(长度12)
02	招商银行	否	11		是(长度12)
03	中国建设银行	否	11	12345678	是(长度12)
04	中国农业银行	否	11		是(长度12)

17. 设置本单位开户银行

菜单路径：企业应用平台/基础设置/基础档案/收付结算/本单位开户银行

本单位开户银行资料如表1-21所示。

表1-21 本单位开户银行资料

编码	银行账号	账户名称	币种	开户银行	所属银行编码	签约标志
01	123456789012	现金支出账	人民币	招商银行海淀支行	02 招商银行	检查收付账号
02	987654321013	现金收入账	人民币	中国工商银行海淀支行	01 中国工商银行	检查收付账号

18. 设置仓库收发类别

菜单路径：企业应用平台/基础设置/基础档案/业务/收发类别

仓库收发类别资料如表1-22所示。

表1-22 仓库收发类别资料

收发类别编码	收发类别名称	收发类别标志
1	正常入库	收
11	采购入库	
12	半成品入库	
13	成品入库	

(续表)

收发类别编码	收发类别名称	收发类别标志
14	调拨入库	收
2	非正常入库	
21	盘盈入库	
22	其他入库	
6	正常出库	发
61	销售出库	
62	生产领用	
63	调拨出库	
7	非正常出库	
71	盘亏出库	
72	其他出库	

编码规则：＊＊＊

19. 设置采购类型

菜单路径：企业应用平台/基础设置/基础档案/业务/采购类型

采购类型资料如表1-23所示。

表1-23 采购类型资料

采购类型编码	采购类型名称	入库类别	是否为默认值	是否为委外默认值	是否列入MPS/MRP计划
01	生产用材料采购	11(采购入库)	是	否	是
02	其他材料采购	11(采购入库)	否	否	否
03	委外采购	12(半成品入库)	否	是	是

20. 设置销售类型

菜单路径：企业应用平台/基础设置/基础档案/业务/销售类型

销售类型资料如表1-24所示。

表1-24 销售类型资料

销售类型编码	销售类型名称	出库类别	是否为默认值	是否列入MPS/MRP计划
01	批发	61(销售出库)	是	是
02	零售	61(销售出库)	否	否
03	代销	61(销售出库)	否	否

21. 设置费用项目分类

菜单路径：企业应用平台/基础设置/基础档案/业务/费用项目分类

费用项目分类资料如表 1-25 所示。

表 1-25 费用项目分类资料

分 类 编 码	分 类 名 称	备 注
1	生产	用于生产的费用分类
2	研发	
3	销售	

编码规则：***

22. 设置费用项目

菜单路径：企业应用平台/基础设置/基础档案/业务/费用项目

费用项目资料如表 1-26 所示。

表 1-26 费用项目资料

费用项目编码	费用项目名称	费用项目分类名称
F01	生产费	生产
F02	辅助费	生产
F03	机物料	生产
F04	包装费	生产
F05	调拨费	生产
F06	试模费	生产
F07	新产品开发费	研发
F08	销售招待费	销售
F09	广告宣传费	销售
F10	运输费	销售
F11	装卸费	销售
F12	保险费	销售

23. 设置料品发运方式

菜单路径：企业应用平台/基础设置/基础档案/业务/发运方式

料品发运方式资料如表 1-27 所示。

表 1-27 料品发运方式资料

发运方式编码	发运方式名称
01	公路
02	铁路
03	航空
04	海运

24. 设置工作中心

菜单路径：企业应用平台/基础设置/基础档案/业务/工作中心维护

工作中心资料如表1-28所示。

表1-28 工作中心资料

工作中心代号	工作中心名称	隶属部门	是否生产线
0010	线切割加工中心	生产部	是
0020	冲压中心	生产部	否
0030	表面处理中心	生产部	否
0090	总装中心	生产部	是

25. 设置工作日历

菜单路径：企业应用平台/基础设置/基础档案/业务/工作日历维护

修改工作日历(代号：SYSTEM)，设置2019年9月和2019年10月的工作日为周一到周五，每天工作8小时，其中10月1日—7日设定为节假日，不工作。

26. 设置ATP模拟方案

菜单路径：企业应用平台/基础设置/基础档案/业务/ATP模拟方案定义

ATP模拟方案资料如表1-29所示。

表1-29 ATP模拟方案资料

模拟方案号	001
模拟方案描述	201909
逾期需求天数	0
逾期供应天数	0
供应定义	MPS计划量、MRP计划量、采购在途量、已请购量、生产订单量、委外订单量、到货/在检量
需求定义	销售订单量、待发货量、生产未领量、委外未领量
仓库选择	原辅料仓库、成品仓库、半成品仓库

注意：

- ATP即指可承诺量(available to promise)。
- "逾期需求天数""逾期供应天数"决定售前ATP模拟运算时的供应及需求的日期范围，即(模拟日期＋逾期需求天数)至(模拟日期＋展望期)范围之内的需求才纳入需求计算；(模拟日期＋逾期供应天数)至(模拟日期＋展望期)范围之内的供应才纳入供应计算。

27. 设定生产制造参数

菜单路径：企业应用平台/基础设置/基础档案/生产制造/生产制造参数设定

在"状态设置"中设置手动输入生产订单默认状态为"锁定"状态；生产订单排程类型默认为"逆推"；在"业务设置"中设置物料清单展开层数为5。

28. 设置需求时栅资料

菜单路径：企业应用平台/基础设置/基础档案/生产制造/需求时栅维护

需求时栅资料如表1-30所示。

表 1-30 需求时栅资料

(时栅代号：0001，时栅说明：201909版)

行 号	天 数	需 求 来 源
1	10	客户订单
2	20	预测+客户订单，反向抵消
3	40	预测+客户订单，先反向再正向抵消

29. 设置时格资料

菜单路径：企业应用平台/基础设置/基础档案/生产制造/时格资料维护

时格资料如表1-31所示。时格代号及其内容，供查看物料可承诺量、MPS与MRP供需资料、工作中心资源产能和负载资料，以及设定资源需求计划、重复计划期间的使用。

表 1-31 时格资料

(时格代号：0001，时格说明：201909版)

行 号	类 别	期 间 数	起 始 位 置
1	周	1	星期一
2	周	1	星期一
3	月	1	27日
4	月	1	27日

30. 设置制造ATP规则

菜单路径：企业应用平台/基础设置/基础档案/生产制造/制造ATP规则维护

制造ATP规则资料如表1-32所示，可以使用不同规则计算物料的ATP数量。系统每次执行ATP检查时，这些规则均会确定如何匹配物料的供应和需求。

表 1-32 制造ATP规则资料

规则代号	0001
说明	201909ATP规则
逾期需求天数	0

(续表)

需求来源	销售订单、生产订单、委外订单、计划需求
供应来源	计划订单、生产订单、委外订单、采购订单、请购订单、现存量

31. 设置预测版本资料

菜单路径：企业应用平台/基础设置/基础档案/生产制造/预测版本资料维护

预测版本资料如表1-33所示，用来维护需求预测订单的版本号及其类别，以说明MPS/MRP展开所使用的产品预测资料来源。

表1-33 预测版本资料

版本代号	版本说明	版本类别	默认版本
201909	2019年9月版需求预测	MPS	否
201909	2019年9月版需求预测	MRP	否

32. 设置资源资料

菜单路径：企业应用平台/基础设置/基础档案/生产制造/资源资料维护

资源资料如表1-34所示。

表1-34 资源资料

资源代号	资源名称	资源类别	计费类型	隶属工作中心	工作中心名称	计算产能	可用数量	超载百分比/%	关键资源
0001	线切割机床	机器设备	自动	0010	线切割加工中心	是	2	110	是
0002	精密冲压模具	模具	自动	0020	冲压中心	是	3	110	是
0003	高级技工	人工	自动	0030	表面处理中心	是	5	110	是
0009	技工	人工	自动	0090	总装中心	是	10	110	是

注意：

"计费类型"为建立标准工序或工艺工序资源的默认值。"手动"表示在建立工时记录单时，该工序资源需要手动输入完工工时；"自动"则表示系统可以自动按该工序资源的标准工时计算完工工时。

33. 设置标准工序资料

菜单路径：企业应用平台/基础设置/基础档案/生产制造/标准工序资料维护

长针生产的标准工序资料如表 1-35 所示,其操作界面如图 1-12 所示。电子挂钟总装的标准工序资料,如表 1-36 所示。

表 1-35 长针生产的标准工序资料

项目	内容		
工序代号	0001	0002	0003
工序说明	铝材切割	冲压成形	表面处理
报告点	是	是	是
工作中心	0010 线切割加工中心	0020 冲压中心	0030 表面处理中心
倒冲工序	否	否	是
委外工序	否	否	否
选项相关	否	否	否
计费点	是	是	是
检验方式	免检	免检	免检
行号	10	10	10
资源代号	0001	0002	0003
资源名称	线切割机床	精密冲压模具	高级技工
基准类型	物料	物料	物料
工时(分子)	1	1	1
工时(分母)	60	60	1
是否计划	是	是	是
计费类型	自动	自动	自动

图 1-12 长针生产的标准工序资料维护

表 1-36　电子挂钟总装的标准工序资料

项　目	内　容
工序代号	0009
工序说明	总装
报告点	是
工作中心	0090 总装中心
倒冲工序	否
委外工序	否
选项相关	否
计费点	是
检验方式	免检
行号	10
资源代号	0009
资源名称	技工
资源活动	成品总装
基准类型	物料
工时(分子)	30
工时(分母)	60
是否计划	是
计费类型	自动

注意：

工时(分子)与工时(分母)的比值表示加工一个单位料品所需要的工时数(以小时为单位)。例如，1 分钟切割一个长针的铝材，则分子输入 1，分母输入 60，表示单位用工时 1/60 小时；若 1 秒钟加工一个料品，则分子输入 1，分母输入 3600，表示单位用工时 1/3600 小时。

34. 维护长针生产及电子挂钟总装的工艺路线资料

菜单路径：企业应用平台/基础设置/基础档案/生产制造/工艺路线资料维护

长针生产的工艺路线资料如表 1-37 所示。当增加或修改工序时，可在某行右击，在弹出的快捷菜单中选择"资源资料维护"，输入相应资源数量及所需工时等信息，如图 1-13 和图 1-14 所示。

表 1-37 长针生产的工艺路线资料

工序行号	标准工序	工序说明	报告点	工作中心	资源名称	资源数量	工时(分子)	工时(分母)	计费类型
0010	0001	铝材切割	是	线切割加工中心	线切割机床	2	1	60	自动
0020	0002	冲压成形	是	冲压中心	精密冲压模具	3	1	60	自动
0030	0003	表面处理	是	表面处理中心	高级技工	5	1	1	自动

图 1-13 长针生产的工艺路线资料维护

图 1-14 长针工艺路线资源资料维护

电子挂钟总装的工艺路线资料如表 1-38 所示。当增加或修改工序时，可在某行右击，在弹出的快捷菜单中选择"资源资料维护"，输入相应资源数量及所需工时等信息。

表 1-38　电子挂钟总装的工艺路线资料

工序行号	标准工序	工序说明	报告点	工作中心	资源名称	资源数量	工时（分子）	工时（分母）	计费类型
0090	0009	总装	是	总装中心	技工	10	30	60	自动

35. 设置物料清单资料

菜单路径：业务工作/生产制造/物料清单/物料清单维护/物料清单资料维护
菜单路径：业务工作/生产制造/物料清单/物料清单维护/物料低阶码推算
菜单路径：业务工作/生产制造/物料清单/物料清单维护/物料清单逻辑查验

物料清单录入完毕后，要对其进行低阶码推算和查验。物料清单结构如表 1-39 所示。

表 1-39　物料清单结构

母件编码	母件名称	子件阶别	子件编码	子件名称	子件计量单位	基本用量	基础数量	使用数量
10000	电子挂钟	+	11000	机芯	个	1	1	1
10000	电子挂钟	+	12000	钟盘	个	1	1	1
10000	电子挂钟	+	14000	电池	节	2	1	2
10000	电子挂钟	+	13000	钟框	个	1	1	1
12000	钟盘	++	12100	长针	根	1	1	1
12000	钟盘	++	12200	短针	根	1	1	1
12000	钟盘	++	12300	秒针	根	1	1	1
12000	钟盘	++	12400	盘面	个	1	1	1
12100	长针	+++	12010	铝材	千克	0.02	1	0.02
12200	短针	+++	12010	铝材	千克	0.01	1	0.01
12300	秒针	+++	12010	铝材	千克	0.02	1	0.02
12400	盘面	+++	12410	盘体	个	1	1	1
12400	盘面	+++	12420	字模	个	4	1	4
12410	盘体	++++	12411	塑料	千克	0.5	1	0.5
12420	字模	++++	12421	薄膜	米	0.05	1	0.05
13000	钟框	++	12411	塑料	千克	0.5	1	0.5

"电子挂钟"物料清单结构如图 1-15 所示。

图 1-15 "电子挂钟"物料清单结构

36. 设置单据变化原因码(见表 1-40)

菜单路径：企业应用平台/基础设置/基础档案/业务/原因码档案

表 1-40 原因码

原 因 编 码	原 因 名 称	可选择的所属类型
01	得单原因	变更原因
02	丢单原因	变更原因
03	产品投诉原因	产品投诉原因
04	部门投诉原因	部门投诉原因
05	人员投诉原因	职员投诉原因
06	其他投诉原因	其他投诉原因

37. 输入存货期初结存数量

菜单路径：业务工作/供应链/库存管理/初始设置/期初结存

单击"修改"按钮，选择仓库，即可输入存货的数量，当存货期初数据被录入完成以后，必须对每个仓库的料品进行审核操作，才会在数据库中更新，才可以在现存量中查询到。可以使用"批审"按钮完成该仓库所有存货的审核。期初结存的审核实际是期初记账的过程。存货期初结存数量资料如表 1-41 所示。

表 1-41 存货期初结存数量资料

仓 库	仓库编码	存货编码	存货名称	数 量
原辅料仓库	0010	12411	塑料	1000
原辅料仓库	0010	12421	薄膜	1000
成品仓库	0020	10000	电子挂钟	50

(续表)

仓 库	仓库编码	存货编码	存货名称	数 量
半成品	0030	11000	机芯	20
半成品	0030	12200	短针	1000
半成品	0030	12300	秒针	1000
半成品	0030	12420	字模	300

输入存货期初数量时，也可以使用"取数"按钮由"存货核算"模块取期初数(如果存货核算模块已有期初数据)。但是，只有第一年启用时，才能使用取数功能，以后年度结转上年末数据后，取数功能不能使用，系统会自动结转期初数据。

另外，要使期初数据能够及时更新，还必须把"库存管理/初始设置/选项"的"通用设置"选项卡中的"修改现存量时点"处的选项全部选中，这样就可以在单据被审核以后立刻更新库存数据，以保证单据与实物出入库数据的一致性，如图1-16所示。

图1-16　库存选项设置

38. 输入供应商存货价格

菜单路径：业务工作/供应链/采购管理/供应商管理/供应商供货信息/供应商存货调价单

单击"增加"按钮，输入存货价格，或者修改存货价格，单击"保存"和"审核"按钮后方可生效。供应商存货价格如表1-42所示。

表 1-42 供应商存货价格

供应商	存货	含税单价
上海昊恒工贸有限公司	机芯	30
上海昊恒工贸有限公司	电池	10
上海昊恒工贸有限公司	薄膜	8
北京铝材厂	铝材	20
江苏塑料二厂	塑料	19

注意：

- 供应商存货调价表可以针对不同供应类型(采购、委外、进口)进行价格设置，包括含税单价、税率、无税单价，可以按数量阶梯进行价格设置，也可以设置生效日期、失效日期，还可以设置是否为促销价。
- 供应商存货价格表在供应商存货调价单审批通过后产生。供应商存货价格表用于供应商存货价格的查询、调价。在填制采购单据(订单、到货单、发票)时，可以设置从供应商存货价格表中取价。

39. 输入客户存货价格

菜单路径：业务工作/供应链/销售管理/价格管理/价类设置

选择要使用的批发价格项和零售价格项，以在存货调价表中输入价格时使用。

菜单路径：业务工作/供应链/销售管理/价格管理/存货价格/存货调价单

新增输入存货的批发价和零售价，或者修改存货价格，审核后方可生效。存货调价单如表 1-43 所示。

表 1-43 存货调价单

料品	数量下限	批发价1	零售价1
电子挂钟(10000)	0	100	120

菜单路径：业务工作/供应链/销售管理/价格管理/客户价格/客户调价单

新增输入向某客户销售的存货价格，或者修改该客户的存货价格，审核后方可生效。客户的存货调价单如表 1-44 所示。

表 1-44 客户的存货调价单

客户	货品	批发价	零售单价
湖北华联商厦(001)	电子挂钟	120	130
北京西单商场(002)	电子挂钟	100	110
江西省钟表销售分公司(003)	电子挂钟	100	120

> **注意：**
> 存货价格表和客户价格表也是分别对存货调价单和客户调价单进行录入和修改，在审批通过后方可产生的。在填制报价单、销售订单时，可以设置为从客户存货价格表中取价。

40. 设置应收账款与应付账款科目的受控系统

菜单路径：企业应用平台/基础设置/基础档案/财务/会计科目

在会计科目编码表中设置"应收账款"科目辅助核算为客户往来，受控系统为应收系统，表示所有发生的应收款业务的凭证必须在应收款管理系统中生成共享给总账系统，不能在总账系统中手动输入，以避免数据重复。

在会计科目编码表中设置"应付账款"科目辅助核算为供应商往来，受控系统为应付系统，表示所有发生的应付款业务的凭证必须在应付款管理系统中生成共享给总账系统，不能在总账系统中手动输入，以避免数据重复。

41. 设置销售订单模板格式

为了满足生产制造企业业务管理需要，可以对销售订单显示模板格式进行修改：在销售订单显示模板表体项中添加"预完工日期"栏目。

菜单路径：企业应用平台/基础设置/单据设置/单据格式设置

在"U8 单据目录分类"中双击"销售管理/销售订单/显示/销售订单显示模板"，此时可以对"销售订单"模板进行编辑，如图 1-17 所示。

图 1-17　销售订单模板

单击工具栏中的"表体项目"按钮，弹出"表体"对话框，勾选项目名称为"114 预完工日期"的选项，单击"确定"按钮完成对表体添加"预完工日期"列的设置，如

图 1-18 所示。再单击"保存"按钮即完成销售订单模板的格式设置，关闭此程序返回。

图 1-18　为表体增加预完工日期列

1.6　实验的组织

若要对教学实践活动组织安排得充分得当，需要做好两项准备工作。首先，应编写好内容适合、目标明确的实验指导书，要有较全面的、合理的实验数据；其次，要有适合的实验教学方法。

ERP 生产管理系统的实验教学运用体验式的教学方法，采取实战演练的方式进行，即使用 ERP 软件模拟企业的生产经营活动过程，在实战演练剧本的情景环境中，按照企业业务流程完成企业生产经营的全过程，让学生体会各岗位角色的业务工作内容及岗位之间、部门之间的协作关系。其中，剧本的编写和短剧的排演均由学生自己完成，充分鼓励、调动和发挥学生的主动性和创造性，锻炼他们的组织能力和协作能力。

1.6.1　实验设计方法

1. 个人练习和小组实战演练相结合

实验分为两个阶段，前一阶段以学生个人练习为主，反复练习软件功能的操作，提高熟练程度，达到独立完成所有实验内容的目标；后一阶段是在前一阶段实验的基础上，分小组进行，以小组为单位模拟一个企业，按照所划分的部门和岗位，每位学生担任一个岗位的工作，结合企业生产经营业务的流程和软件的功能，根据所给的实验数据，将企业生产经营活动全过程演练完成。

实验要求：教师提供业务内容、工作流程和业务数据；学生自己设计业务发生的情景，自编、自导、自演，用 ERP 软件模拟企业的工作环境进行实际工作，最终提交实战演练报告(企业生产经营活动实战演练剧本)。

2. 实验内容

根据学生对实验内容的掌握程度、对软件操作的熟练程度，以及对数据模拟的正确程度，教师给学生综合评定成绩。

实验内容的范围可以分为"简单方式"和"详细方式"两种。

"简单方式"实验是以企业生产经营活动为主线展开的，实验内容安排如表 1-45 所示，共有八个实验，内容由浅入深。在这八个实验熟练完成的基础上，再进一步学习其他各章的内容。以这种方式组织学习，有利于高效地掌握企业生产管理活动的全貌，便于学生尽快掌握生产管理系统的业务流程和功能操作。

"详细方式"实验是按照实验教程的内容逐一完成的。

表 1-45 实验内容安排

实 验 名 称	实 验 内 容	学　　时
实验一、二、三	客户订货、排程业务、采购管理	4
实验四、五、六	委外管理、生产管理、销售发货	4
实验七、八	财务制单、期末处理	4
综合实验	个人单独将八个实验一次性完成	4
分组实战演练	企业生产经营活动全过程	4
合　　计		20

3. "简单方式"的实验指导

按照如图 1-19 所示的顺序组织实验，使用实验教程中提供的数据，完成各项功能的操作。可以参考附录实验示例所示。

图 1-19 "简单方式"实验顺序安排

1.6.2 实验案例情景设计

下面以剧本的形式描述一个制造企业发生的经济业务情况。该情景是以"简单方式"实验的内容为主线，模拟企业的生产经营活动，了解企业各个部门的作用和职能，以及它们之间的业务关系。

1. 模拟企业基本情况

"北京林信钟表制造公司"是一家老牌的从事钟表生产制造的企业，共设置了八个部门，分别是总经理办公室、销售部、采购部、仓储部、技术部、生产部、财务部、计算机中心。目前，已和全球几十个国家的跨国公司有着业务上的紧密联系，每天都接到来自国内外的大量订单。

2. 分配岗位角色

岗位角色分配表如表1-46所示。

表1-46 岗位角色分配表

部门	角色	工作内容
总经理办公室	总经理	全权安排管理企业工作，协调、平衡、解决问题
供应商	上海昊恒工贸有限公司	机芯、电池、薄膜
	北京铝材厂	铝材
	江苏塑料二厂	塑料
委外商	北京兴隆注塑厂	盘体、钟框的领料、加工、完工后送达仓库
客户	湖北华联商厦	收货签单、付款
	江西钟表公司	收货签单、付款
销售部	部门经理	审核、分析业绩、协调工作
	销售员1	报价、谈判、联系业务
	销售员2	发货、送货
采购部	部门经理	审核、协调工作
	采购员1	询价、谈判
	采购员2	请购单作业
	规划员1	规划采购订单
仓储部	部门经理	协调工作、月末处理
	仓管员1	领料
	仓管员2	验收入库
技术部	部门经理	审核、协调工作、设计、编制物料清单
	规划员1	制作主生产计划(MPS)、物料需求计划(MRP)

(续表)

部　门	角　色	工　作　内　容
生产部	部门经理	审核、协调工作
	规划员 1	规划生产订单
	规划员 2	规划委外订单
	生产管理人员	派工、下达生产任务(通知单、领料单)
	生产人员	生产领料、加工生产、搬运
	委外管理人员	给委外商下达委外通知
财务部	部门经理	签字审核、协调工作
	应收会计	确认应收单据、制作凭证
	应付会计	确认应付单据、制作凭证
计算机中心	系统管理员	用户管理、权限设置；备份、还原业务数据

3. 案例情景描述

1) 引言

随着我国市场经济的发展和完善，也随着经济全球一体化发展的趋势，企业面临的竞争环境愈加激烈，迫切需要提高企业管理效率，提高竞争力。近年来，ERP 在我国获得了快速的发展，许多企业通过实施 ERP 收到了良好的成效，改善和优化了业务流程，提高了管理水平，增强了企业竞争力。

为了更好地推广 ERP 的使用，最近，一些 ERP 厂商在北京市召开了一次 ERP 推广会，旨在推广 ERP 的理念和软件产品的应用。会上通过了两个案例，使广大企业认识到 ERP 软件及其管理思想对企业经营管理的重要性，同时，也让各个企业认识到，ERP 不是万能的，企业的核心最终还在于人，如果没有好的领导者和优秀的团队及合理的经营方法，有了 ERP 也不一定会起到良好的效果，因此，引进 ERP 要有充分的准备！

2) 第一幕　ERP 推广会现场

场景：ERP 推广现场

人物：王雪——某公司 ERP 推广部的负责人

　　　　班级其他成员——ERP 推广会上的各企业总裁

事件：王雪向在座的各位总裁宣传推广 ERP。

王雪：各位老总，大家好！

欢迎来到 ERP 软件的推广现场，我是某公司 ERP 推广部的负责人王雪。首先很感谢在座的企业精英在百忙之中抽出时间光临现场，也很荣幸可以和大家在这里交流经验。

大家都知道，如今市场上 ERP 这个词很火，当今世界 500 强的公司都在以 ERP 思想管理企业，其在国内选择合作伙伴的一个关键条件是这个公司是否使用了 ERP 的管理方式，因此，面对信息化的浪潮，业内人士都雄心勃勃地想借助于 ERP 等现代化的信息管理工具来实现自身的价值，在他们眼中信息化的任何突破都具有创新的意义，也是释放生产力的有效平台。那么 ERP 究竟能为我们带来什么？究竟是什么力量使 ERP 变得如此神奇呢？

请大家跟着我回到十年前，看看北京的某钟表公司是怎样经营的……

3）第二幕　十年前北京一个传统钟表公司惨淡经营

"北京林信钟表制造公司"原名"北京福里斯特钟表有限公司"，原本是一家很有实力的企业，生产的电子挂钟质量很好，但是企业在经营了多年以后，销售业绩一年不如一年……

场景一： 湖北华联商厦采购员询价

人物： 李冰——湖北华联商厦采购员

刘梅——北京福里斯特钟表有限公司销售部销售员

事件： 李冰向刘梅询价。

刘梅：您好，这里是北京福里斯特钟表有限公司。

李冰：您好，我是湖北华联商厦采购员。请问贵公司现在生产的电子挂钟多少钱一个？

刘梅：我们公司的电子挂钟，现在含税价是120元一个。

李冰：120元啊！如果我们要100个电子挂钟，你们能在20号交货吗？

刘梅：这个没有问题，我们公司有充足的货源，下午咱们确认一下订单好吗？你看什么时间合适？

李冰：下午3点钟吧。

刘梅：行，再见！

（下午3点钟）

李冰：喂，您好，这里是湖北华联商厦。

刘梅：您好，我是北京福里斯特钟表有限公司的销售员。上午您订的货，我想再确认一下。

李冰：没问题，就和你们订货了。你们一定要准时交货啊！

场景二： 采购员找采购主管确认报价单

人物： 王斌——采购部主管

刘梅——采购部采购员

事件： 刘梅向王斌报告几个原料厂家情况。

刘梅：经理，这是几家原料厂的价格和质量情况，请您看一下！

王斌：好！

王斌：我想听听你的意见。

刘梅：我觉得北京厂的原料不错，质量上乘，价格合理，服务也好。天津厂呢，质量比北京厂要差点儿，价格还高，但服务倒还可以。

王斌：嗯！我也觉得北京厂的不错！这样吧，我再考虑考虑，你下午再过来拿吧！

刘梅：好的！

场景三： 采购主管受贿

人物： 王斌——采购部主管
老张——天津原料公司销售部经理

事件： 临近中午，老张来电话请王斌吃饭。

(叮……叮……)

王斌：喂，你好……啊，老张啊，你好你好！哎呀，这个事情不好办啊！人家北京厂的价格比你们低啊！这个，真的不好办啊……中午？中午有时间啊……这个怎么好意思啊？好！那咱们就中午酒店见！

场景四： 采购部采购员向主管要订单

人物： 王斌——采购部主管
刘梅——采购部采购员

事件： 王斌把原料订单交给刘梅。

刘梅：经理，您叫我来拿原料订单？
王斌：嗯，在这儿。
刘梅：天津厂？
王斌：对，天津厂！要是没问题，你就下去办吧！
刘梅：哦，好的(质量不行，价格还高，一定吃回扣了)！

场景五： 逾期未交货，客户投诉

人物： 张宇——北京福里斯特钟表有限公司总经理
李冰——湖北华联商厦采购员

事件： 客户投诉。

张宇：喂，您好，哪位？
李冰：我是湖北华联商厦，您是钟表公司总经理吗？
张宇：对，我是。请问有什么事吗？
李冰：你们公司是怎么搞的，上次从你们公司订了100个电子挂钟，说是20号交货，今天都23号了，怎么还没到货呢？
张宇：不好意思，不好意思。我问问，看是什么情况，好吗？然后给您答复，您看行吗？
李冰：快点吧，我们这边还等着呢！
张宇：行，一定尽快给您答复。
李冰：就这样，快点，再见！
张宇：好，再见！

场景六： 总经理召集开会

人物： 张宇——公司总经理
王斌——采购部主管

　　　　　国林——销售部主管
　　　　　杨彤——生产部主管
　　　　　金明——仓管部主管
　　　　　贺雷——财务部主管
　　事件：公司总经理接到顾客投诉电话后，召集各部门主管开会；各部门主管互相推卸责任。
　　张宇：都到齐了吧？刚才湖北华联商厦来电话了，催问那批货，怎么还没给人家发过去啊？销售部，怎么回事啊？
　　国林：生产部门没把货给我们，我们拿什么卖啊？
　　张宇：生产部，你们怎么回事啊？
　　杨彤：库房里什么东西也没有，我们怎么生产啊？
　　张宇：仓库，怎么回事啊？
　　金明：采购部没买原料，我们哪有东西？
　　王斌：这可不关我们的事啊！财务部不拿钱，我们拿什么去买原料啊？
　　贺雷：他们销售部卖不出去东西，我们哪有钱给你们啊？
　　……
　　张宇：够了！你们就这样把责任推来推去？公司到底是谁的啊？干不好大家都得喝西北风！

4）第三幕　ERP推广现场——王雪对以往不科学经营的总结

　　场景：**ERP推广现场**
　　人物：王雪——某公司ERP推广部的负责人
　　　　　班级其他成员——ERP推广会上的各位总裁
　　事件：王雪对以往不科学经营的总结。
　　王雪："各位老总，不知看了这个案例后有什么体会，是否也在为生产和库存的紧张关系而烦恼呢？是否也感觉到了因管理人员腐败造成的巨大金钱损失又无从核实查证而困惑呢？是否也为对客户的响应效率太低，失去了很多客户而窘迫呢？是否也开始觉得自己的员工相互推卸责任，工作氛围紧张不和谐呢？好的，如果您正在为这些问题伤脑筋，正在解决的道路上苦苦探索，请再跟着我去看另一个案例。那家钟表公司在濒临破产的时候，换了领导人，安装了一套ERP软件，好的，让我们看一看这家公司在几年里发生了怎样翻天覆地的变化……

5）第四幕　新公司的经营情况
　　在更换了领导班子后，北京福里斯特钟表有限公司更名为"北京林信钟表制造公司"，并且引进了ERP软件和管理思想，针对员工进行了培训，开始了新的生产经营……

　　场景：**公司总经理介绍公司情况**
　　人物：梅兰——"北京林信钟表制造公司"总经理
　　事件：介绍公司情况。

梅兰：大家好！我们北京林信钟表制造公司是前年引进的 ERP 软件，在引进后的这一年多的时间里，我们降低了库存成本，提高了生产效率，取得了一定的业绩，但还是有不足的地方，我们也正在改进。现在就以我们一个月的公司业务为主线，向大家展示一下 ERP 在企业生产经营中的作用！

首先请允许我介绍一下我们公司的主要部门及各个部门的主管。

销售部主管郭静，销售部是我们公司很重要的一个部门，它负责产品的销售、业务的联系，我们公司的利润主要由它产生。

计划部主管孟学，计划部负责在接收到销售业务订单以后，为公司的整个生产做好计划，如果没有它，我们的生产就无法安排，会出现混乱。

采购部主管张兰，采购部负责原材料的采购，任务比较重，如果没有采购部，我们就无法进行生产。

仓管部主管贺炜，仓管部是非常重要的部门，别看它其貌不扬，实际上我们公司的每一个部门都与它有密切的关系。

生产部主管潘明，生产部是我们的"心脏"，没有生产部，我们就没有产品，生产部工作情况直接影响公司的经济效益。

财务部主管郑威，财务部负责掌管和监督公司的资金流动和管理，没有钱什么都干不了，财务部的作用不可小视。

好，各部门介绍完了，那么我们这个月的生产经营是这样进行的……

第一部分　客户订货业务

场景一：湖北华联商厦询价

人物： 汪建——销售部业务员

　　　　李冰——湖北华联商厦采购员

事件： 销售部业务员根据对方提供的信息填好报价单，包括客户名称、需求日期、货品数量、含税单价、出货仓库、预发货日期、完工日期等。

(销售部电话铃响起)

汪建：喂，您好！这里是北京林信钟表制造公司销售部。

李冰：您好，我是湖北华联商厦采购员，想问一下贵公司生产的电子挂钟多少钱一个？

汪建：现在的价格是 120 元一个，请问您要多少？

李冰：100 个，这个价格高了一点儿啊。

汪建：不高，现在这种电子挂钟在市场上卖得很不错的。

李冰：这个价格我要请示一下我们经理。

汪建：那我明天给您打电话再确定这件事情，您看行吗？

李冰：好的。

汪建：先生您贵姓啊？

李冰：姓李，我的联系方式是……，好，那先这样，明天再联系。

汪建：好的，再见。

场景二：报价单审核

人物： 汪建——销售部业务员
　　　　郭静——销售部主管

事件： 销售主管进行报价单的审核工作。

汪建：经理，这是刚刚向湖北华联商厦提供的电子挂钟的报价，请您签字。

郭静：你尽快向对方确认一下是否要这批货。辛苦了啊！

场景三：湖北华联商厦业务的跟催

人物： 汪建——销售部业务员
　　　　李冰——湖北华联商厦采购员

事件： 业务员(汪建)给湖北华联商厦采购员(李冰)打电话，以确认是否签订这笔业务。

汪建：喂，您好！是李冰先生吗？

李冰：您好，是我。

汪建：我是北京林信钟表制造公司的汪建，上次您打电话要订购100个电子挂钟的事，现在考虑得怎样了？

李冰：你们生产的电子挂钟我上次问是120元一个，能不能便宜一点儿，因为我要100个，量也不少。

汪建：这个，我得请示一下。过一会儿给您回电话好吗？

李冰：那好吧，我等您电话，再见。

汪建：再见。

场景四：请示主管是否可以降价

人物： 汪建——销售部业务员
　　　　郭静——销售部主管

事件： 在接到湖北华联商厦的降价要求后，业务员向主管请示。

汪建：郭经理，湖北华联商厦觉得120元的价格太高，问能不能低点儿？

郭静：这个月销量不是特别好，他们这次要的量也比较大，那就给他们降到115元。

汪建：好的，我这就给他们回电话。

场景五：修改已审核的报价单

人物： 汪建——销售部业务员
　　　　周明——销售部业务员

事件： 对已审核报价单的修改，并填写修改的原因。

汪建：小周，这是对湖北华联商厦的新报价单，麻烦你修改一下好吗？

周明：好的，交给我吧，希望这笔业务可以达成。

汪建：应该没问题。

场景六： 客户确认报价单并订货

人物： 汪建——销售部业务员

　　　　李冰——湖北华联商厦采购员

事件： 对报价单的确认。

李冰：喂，你好，这里是湖北华联商厦。

汪建：你好，我是北京林信钟表制造公司的销售员汪建。刚才您说要降价，我们经理已经同意了。

李冰：是吗？多少钱？

汪建：给您优惠价，含税单价115元，您觉得怎么样？

李冰：115元，可以。

汪建：那您现在就订货吗？

李冰：嗯，我们订100个，需要20号到货，行吗？

汪建：好的，没问题。

李冰：那就这样，再见。

汪建：再见。

场景七： 报价单转销售订单

人物： 汪建——销售部业务员

　　　　郭静——销售部主管

　　　　周明——销售部业务员

事件： 把报价单转成销售订单。

汪建：郭经理，已和湖北华联商厦签下了销售订单。

郭静：这么顺利啊，干得不错，继续努力啊。那就做一张销售订单吧，你和小周打个招呼。

汪建：小周，我们和湖北华联商厦的销售订单签下来了，按照报价单做一张销售订单，打印出来我给经理送去，今天要发给湖北华联商厦。

周明：好的，马上就做好。

汪建：郭经理，这是要给湖北华联商厦传过去的销售订单，您签个字，我马上给他们传真过去。

郭静：好。尽快把这些销售订单拿给技术部的规划员，他们好做计划。

汪建：好的，经理，放心吧！

场景八： 与新城钟表公司签订销售订单

人物： 国林——销售部业务员

　　　　刘梅——新城钟表公司采购员

事件： 与新的客户签订销售订单。

国林：您好，这里是北京林信钟表公司，有什么可以帮忙的吗？

刘梅：您好，我是新城钟表公司的刘梅，我们想订400个电子挂钟，这个月30号能交货吗？

国林：400个，嗯，可以交货。

刘梅：价格方面能不能优惠一点儿啊？

国林：你们公司定货量这么大，那我们可以考虑给您最低价，100元一个。

刘梅：好的，那就这么定了啊，货到后5天内货款给你们打到账上，好吗？

国林：好说，咱们都是老关系了，没问题。400个，每个100元，30日交货。再把你们的详细地址和联系电话告诉我一下。

刘梅：我们的地址是海淀区……，电话是……。现在你们送货还是免运费吗？

国林：五环内免运费，你们可以免运费的。合作愉快！

刘梅：合作愉快！再见！

国林：再见！

场景九：销售订单输入

人物：国林——销售部业务员
　　　　郭静——销售部主管
　　　　周明——销售部业务员

事件：输入销售订单内容，包括客户名称、需求日期、货品数量、含税单价、预发货日期及完工日期等。

国林：经理，这是刚接到的新城钟表公司的销售订单。

郭静：他们要了400个啊，量还挺大的嘛。新城钟表公司好像前不久刚订过一批货，看来电子挂钟卖得还不错。你叫小周赶快把单据打印出来。

国林：好的。

(国林把新城钟表公司要货的信息记录交给小周)

国林：小周，这是新城钟表公司要的货，你输入一下吧。

周明：好的，你先放这儿吧。一会儿就输入，我先把手头的工作做完。

国林：好的，输完打印出来给我。

周明：好的，处理完我马上给你。

场景十：销售订单审核

人物：郭静——销售部主管
　　　　周明——销售部业务员

事件：销售主管对销售订单的审核。

周明：经理，这两张销售订单做好了，您签个字。

郭静：好的。

第二部分　排程业务

场景一：技术部接到安排计划的通知

人物：郭静——销售部主管

　　　　孟学——技术部计划主管

事件：销售部接到订单后通知技术部安排计划。

郭静：喂，是技术部吗？

孟学：您好，这里是技术部。

郭静：刚刚接到了两笔订单，两张销售订单我们经理已经审核完了，你们查一下。

孟学：好的，您先等等。(查询订单)对，订单已经有了，我们马上做计划安排。

郭静：好的，再见！

孟学：再见！

场景二：进行排程业务

人物：孟学——技术部计划主管

　　　　朱玉——技术部规划员

　　　　刘梅——技术部规划员

　　　　梁伟——技术部规划员

事件：接到销售部通知后，进行排程作业，根据销售订单制订产销规划。

孟学：小朱、小刘，销售部又有新的订单了，你们看一下，做一下排程，然后让梁伟通知采购部和生产部。

朱玉、刘梅：好的。(完成 MPS 和 MRP 运算)

刘梅：梁伟，新的销售订单的计划已经制订好了，你打电话通知采购部和生产部，看他们有没有意见。

梁伟：好的。

第三部分　采购业务

场景一：填写请购单并进行审核

人物：张兰——采购部主管

　　　　汤丽——采购部采购员

事件：业务员请主管审阅仓管部填写的请购单。

汤丽：张总，这是仓管部的请购单，请您审批，我去找厂商订货。

张兰：嗯，好的，小汤最近辛苦了。

汤丽：过奖了，还需努力啊。

场景二：向各原料供应商询价

人物：张兰——采购部主管

　　　　王斌——采购部采购员

　　　　朱玉——江苏塑料二厂销售部业务员

　　　　杨彤——北京铝材厂销售部业务员

事件：采购部主管让业务员进行询价。

张兰：王斌，这有一批原料的订单，你打电话去问问情况。

王斌：好的。

(打电话)

王斌：您好！是江苏塑料二厂吗？

朱玉：对！您是？

王斌：我是北京林信钟表制造公司采购员王斌。

朱玉：您好！

王斌：我们最近需要一批塑料，想问问你们厂塑料的价格。

朱玉：好的！我们厂塑料的质量是有保证的！近年来一直受各个厂家的欢迎。单价每公斤25元。

王斌：25元？太贵了吧！现在的市场价哪有那么高啊？人家好多都卖十五六块。

朱玉：可我们的质量不一样啊，十五六块的哪能跟我们的比啊？

王斌：这样吧，再低一些，我们要的量可不小啊。

朱玉：这样吧，21元，不能再低了。

王斌：您这哪儿叫低啊，整个市场数您最高！我们诚心买，您就说个最低价吧！

朱玉：那……19元吧。

王斌：19元？好吧！这批货6月8日前能给我们吗？

朱玉：我查查……行！6月8日没问题，留一下您的地址和电话。

王斌：好的。地址是……电话是……一定要准时交货。

朱玉：没问题，再见！

(打电话)

王斌：您好！是北京铝材厂吗？

杨彤：对！您是？

王斌：我是北京林信钟表制造公司采购员。

杨彤：您好！

王斌：我们公司需要一批铝材，你们厂铝材怎么卖？

杨彤：我们厂有一批最新的铝材，质地优良，单价每千克23元。

王斌：23元？有点儿贵。我们都是老主顾了，您就给个最低价。

杨彤：那就20元吧。

王斌：我们6月6号就要拿到货，能行吗？

杨彤：没问题！

王斌：好的！再见！

场景三：业务员向上海昊恒工贸公司询价

人物： 宋平——采购部采购员

王俊——上海昊恒工贸公司销售部业务员

事件： 业务员打电话到上海昊恒工贸公司询问配件价格等情况。

宋平：您好！是上海昊恒工贸公司吗？

王俊：对！您是？

宋平：我是北京林信钟表制造公司采购员宋平。
王俊：您好！
宋平：我们最近需要一批机芯，你们厂机芯的价格和质量怎么样？
王俊：机芯的质量可以保证，30元一个。
宋平：那好吧！先订100个，10号要货。
王俊：好的！再见！
宋平：再见！

场景四：询价后向公司反馈

人物： 王斌——采购部采购员
　　　　汤丽——采购部采购员

事件： 王斌询价回来后告诉汤丽。

(王斌走进门)
汤丽：最后谈得怎么样啊？
王斌：都成了。江苏塑料二厂的塑料每千克19元，北京铝材厂的铝材每千克20元，上海昊恒工贸的机芯30元一个。
汤丽：真厉害啊！
王斌：哪里，哪里，你把它记下来吧。
汤丽：记了。

场景五：由请购单生成采购订单

人物： 汤丽——采购部采购员

事件： 汤丽解说操作。

汤丽：经过询价，将请购订单转为采购订单并请供应商确认，然后审核采购订单。根据MRP的运行结果生成采购订单，并确定每种料品的供应商。

场景六：采购订单审核

人物： 张兰——采购部主管
　　　　汤丽——采购部采购员
　　　　宋平——采购部采购员
　　　　王斌——采购部采购员
　　　　陈力——仓库管理员

事件： 汤丽找张兰审核。

汤丽：张总，请您审核一下采购订单，一部分是请购订单转成的采购订单，另一部分是经过MPS和MRP运算后生成的采购订单。
张兰：好的。让宋平和王斌再和供应商确认一下到货日期。

(采购到货)

王斌：仓管部吗？我们采购的货马上就到了，你们准备验收。
陈力：好的。

场景七：采购金额审核

人物：汤丽——采购部采购员
　　　郑威——财务部主管
　　　林山——财务部会计
　　　罗明——财务部会计
　　　贺雷——财务部会计

事件：汤丽将采购的票据交给财务部，财务部进行相关业务审核。
汤丽：这是近期采购料品的票据，交给你们入账。
郑威：好的。林山、罗明，还有贺雷，你们尽快将采购部门和仓管部的票据审核一下。
林山、罗明、贺雷：好的，郑头儿！
林山：输入并确认验收单上与付款相关的项目内容，以便转入应付账款。
罗明：检查完由采购管理模块转入的验收费用和退回资料后，将验收和验退资料转到应付账款模块，经核对无误后，在应付账款系统进行应付单据的登账、支付等操作，实现信息的自动传递。
贺雷：我把采购管理模块转入的验收费用及验退资料检查一下，再核查供应商应付账款的资料。

第四部分　委外业务

场景一：委外件询价，输入和规划委外订单，并进行委外单的审核。

人物：潘明——生产部主管
　　　顾燕——生产部生产人员
　　　周静——生产部委外处主任
　　　周明——北京兴隆注塑厂生产部主任

事件：经过 MPS、MRP 自动规划后，规划人员要对建议规划量进行核查。生产人员向委外商询价，签订委托加工合同后，生产人员录入委外单，由生产部门主管审核；打印出委外单，再由生产部主管签字，作为正式合同交与委外商，委外商来企业仓管部领料。
顾燕：潘总，委外规划已经做好了，请您审核。
潘明：好的，你去通知周静，让她尽快和厂家联系。
顾燕：周主任，委外规划已经做好了，请尽快与委外商联系吧！
周静：好的，我和老周熟，我直接和他说。

（打电话）
周静：您好，请问是北京兴隆注塑厂吗？
周明：您好，我是北京兴隆注塑厂。请问您是哪位？

周静：我是北京林信钟表制造公司生产部的周静。我们公司想委托贵厂生产一批钟表零部件。

周明：是什么零件？

周静：主要是盘面和钟框，各要 100 个，月底交货。

周明：好，那价格呢？

周静：您看按照上次咱们合作的价格怎么样？盘体 10 元，钟框 15 元。

周明：嗯……可以。

周静：太好了，就说咱们是老熟人了嘛，那我现在就把委外订单给您传真过去，您确认一下，若没有问题直接到我们厂仓管部领料就可以了。

周明：好的，再见。

周静：再见。

(布置任务)

周静：小顾啊，你把委外单传给北京兴隆注塑厂老周，还有，送一份到仓管部。

顾燕：好的。

周静：这段时间咱们都比较忙，辛苦啦！

顾燕：哪儿的话！周主任，这不咱分内的事嘛！

场景二：委外商领料

人物：周明——北京兴隆注塑厂生产部主任
　　　　贺炜——仓管部主管
　　　　陈力——仓库管理员

事件：委外商领料。

周明：您是北京林信钟表制造公司仓管部的贺总吗？这是委外单，请您帮我全领出来。

贺炜：好的。陈力，你来处理一下。

陈力：好的，我马上就办。

场景三：委外验收

人物：周明——北京兴隆注塑厂生产部主任
　　　　金明——仓库管理员
　　　　陈力——仓库管理员

事件：委外加工完成后，仓管员要收料入库。

周明：喂，您是北京林信钟表制造公司仓管部的老陈吗？我是北京兴隆注塑厂的。你们公司委托我厂生产的东西，我派人给你们送去了，请您验收一下。

陈力：好的，我马上查一下，以后再联系。老金，麻烦你去验收一下。

(验收过程……)

金明：验收完了，没有问题，可以入库了。

陈力：好的，我马上填入库单。

场景四：金额审核

人物：周静——生产部委外处主任
　　　　顾燕——生产部生产人员
　　　　郑威——财务部主管
　　　　林山——财务部会计
　　　　罗明——财务部会计
　　　　贺雷——财务部会计

事件：委外业务基本完毕，请财务部进行相关业务处理。

顾燕：主任，我已经根据委外订单和入库的委外件数量和质量核对了委外发票的单价和总金额，核对无误，已经交给会计了。

周静：好，我马上和财务部联系。

(财务部处理委外单据)

林山：我现在查完转来的委外单据和发票，将委外资料转到应付账款系统，罗明，你核对一下吧。

罗明：嗯，没有错，现在我就在应付账款系统进行应付委外单的制单作业。

贺雷：我来查一查还有多少应付账款。

第五部分　生产业务

场景一：由计算机规划生产订单，并由主管审核。

人物：潘明——生产部主管
　　　　刘芳——生产部生产人员

事件：规划人员对计算机自动规划的结果进行确认，生成生产订单，并交由主管签字。

刘芳：潘总，生产订单已经做好了，请您签字。

潘明：好的，马上和仓库联系，准备生产！

场景二：按生产订单领料

人物：潘明——生产部主管
　　　　贺炜——仓管部主管
　　　　陈力——仓库管理员

事件：生产部持生产订单到仓库领料，结果出现了问题。

潘明：是仓管部的贺总吗？你们仓库到底有没有料啊，怎么我们这里看你们仓库缺料缺得厉害，让我们怎么生产吗？

贺炜：啊？潘哥你没开玩笑吧，我们仓库现在原料、半成品、成品可都是全的，没缺啊！

潘明：没缺？你自己上 ERP 系统看一看，按照上面的情况，我们就没有办法生产了！

贺炜：我看一看……啊？这是怎么搞的？

(生产陷入了一片混乱，仓库明明有货，可是根据 ERP 中的反映，仓库的原料却不足以生产，此事反映到了总经理处)

场景三: 总经理召集各部门主管开会
人物: 梅兰——总经理
　　　　郭静——销售部主管
　　　　张兰——采购部主管
　　　　孟学——计划部主管
　　　　贺炜——仓管部主管
　　　　潘明——生产部主管
　　　　郑威——财务部主管
事件: 生产出现了问题，总经理召集大家开会解决。

梅兰：我听说生产出现了很大的问题，到底怎么回事？谁先来说一说？

潘明：我先说吧，我们生产前，到 ERP 系统上查了一下，准备领料，可是一看缺了好多的料，打电话给贺炜，他却说他们那里有货！

贺炜：梅总好，大家好，我来解释一下，其实我们仓库确实是有货的，刚才潘哥也去我们那里看了，的确是有货，可是由于我们对库存在 ERP 系统上的更新做得不够及时，造成了系统没有正确反映库存，仓库里明明是有的，可是 ERP 上怎么查都查不到，这是我的失职，没有做好工作！

梅兰：既然你都说了是你的失职，那你就要承担一定的责任！这个月的奖金你就不要拿了。

贺炜：那没问题，梅总，罚我倒没什么，现在就是要看怎样把这个错弥补了，咱们还要交货呢！有了这 ERP 系统还必须做到及时更新啊。

梅兰：现在不是考虑自己得失的时候，先全力将这个月的订单交货，谁有解决方案啊？

潘明：现在也没有办法了，虽然仓库确实有很多货，但是我们还不能用，用了账上最后肯定不对！现在需要麻烦大家再重新做一遍业务，重新处理原料采购的入库，这样与账面才能一致！只不过这样公司这个月就要亏大了啊！

梅兰：现在不是说亏与不亏的时候，先把该交的货交了，不要影响我们公司的信誉才是！那就这样吧，其他部门全力配合一下，把这个问题尽快解决了！

其他与会人员：好吧！

场景四: 重新按生产订单领料
人物: 刘芳——生产部生产人员
　　　　王俊——仓库管理员
事件: 各个部门全力配合，终于将仓库的数据补全，生产得以继续。

刘芳：是仓管部吗？

王俊：是。

刘芳：我是生产部小刘，看到我们给你们传真过去的生产所需的料品了吗？库存充足吗？

王俊：充足，我们整理一下，下午送到你们车间去。

刘芳：好的。

王俊：好，再见。
刘芳：再见。

场景五：产品加工完毕入库

人物：刘芳——生产部生产人员
　　　　王俊——仓库管理员

事件：制造部门生产的制品完工后，立即入库，仓管员要及时录入入库单，并更新各料品的现存量。

刘芳：是仓管部吗？
王俊：是的。
刘芳：我是生产部小刘，我们这批货品加工完了，你看你们什么时候有时间把货取走，做一下入库处理。
王俊：好的，我们下午派人过去。
刘芳：好的，下午见。
王俊：下午见。

第六部分　销售出货业务

场景一：填写出货单

人物：郭静——销售部主管
　　　　贺炜——仓管部主管
　　　　周明——销售部销售员
　　　　汪建——销售部销售员

事件：销售部业务员根据销售订单输入发货单，并检查客户的信用余额、发货数量是否正确、客户购买的货物是否库存不足。打印发货单(一式五份)，一份交于仓库管理人员作为销售出库的原始凭证。

贺炜：喂，这里是仓管部。100个电子挂钟已经生产好了。
周明：好的，今天发货，请你们仓库准备好出库。
贺炜：好的。再见！
周明：郭经理，湖北华联商厦的100个电子挂钟今天要发货，回执单可能要过两天到，距离比较远。
郭静：发货单我来填吧。你去通知小汪，让他给那边的联系人打个电话，注意查收。
周明：好的，我这就去。
(见到小汪)
周明：小汪，湖北华联商厦的100个电子挂钟今天出货，经理叫你和湖北华联商厦的人联系一下。
汪建：知道了。

场景二: 向湖北华联商厦打电话通知收货，并填写发货单回执联

人物: 汪建——销售部业务员

　　　　李冰——湖北华联商厦采购员

事件: 客户收到货物和发票后，在发货单回执联上签字，由送货方返还销售方，再由销售部门业务员签字，并填写发货单回执记录。

汪建: 喂，是李先生吗？我是小汪啊。

李冰: 哦，您好，您好！

汪建: 你们要的 100 个电子挂钟已经送去了，请你们注意查收。

李冰: 好的，我们已经收到了，这次合作得挺成功的，希望我们下次合作愉快啊！

汪建: 好，那下次有机会再联系。再见！

李冰: 再见！

场景三: 与财务部门交接工作

人物: 郭静——销售部主管

　　　　贺雷——财务部会计

事件: 回执单收到后，可以进行销售分析，根据出货资料制单转应收账款系统操作，目的是给销售分析提供数据和使财务部在应收账款系统中进行收款处理。

郭静: 喂，您好！我是销售部经理郭静。湖北华联商厦的销售发票和发货资料已经传过去了，请你们查一下。

贺雷: 好的，我们会注意的。谢谢。

郭静: 不客气，有问题再给我打电话吧。再见！

贺雷: 再见！

第七部分　财务业务

场景: 财务制单业务

人物: 郑威——财务部主管

　　　　贺雷——财务部会计

　　　　林山——财务部会计

　　　　罗明——财务部会计

事件: 对湖北华联商厦销售的应收业务制作凭证，对采购商和委外商的应付业务制作凭证。

郑威: 刚接到销售部通知说已经向湖北华联商厦发货了，单据都传过来了，还有采购的物料和委外加工的物料也都到货了，货款还没有付。

贺雷: 我核对一下销售单据。

罗明: 我核对一下北京铝材厂和北京兴隆注塑厂的货款单据，填一下应付凭证。

林山: 我现在查询应收和应付账款余额还有多少。

第八部分　期末处理

场景： 仓管部进行期末处理

人物： 贺炜——仓管部主管

　　　　金明——仓库管理员

　　　　张兰——采购部主管

　　　　郭静——销售部主管

　　　　潘明——生产部主管

事件： 采购部、销售部、生产部及仓管部进行月末结账。

(仓管部)

贺炜： 小金啊，你把这个月的报表都打印出来吧，我们开会时要用。

金明： 好的，贺总。我们仓管部要算一下采购物料的成本，查询库存月末状况，最后将库存的当月数据结转到下月。过一会儿，我就把月末报表打印出来！

(采购部主管布置任务)

张兰： 月末了，大家检查一下自己的工作，如果没有问题，就把采购的账结了。

(销售部主管布置任务)

郭静： 月末了，大家检查一下自己的工作，如果没有问题，就把销售的账结了。

(生产部主管布置任务)

潘明： 月末了，大家检查一下自己的工作，如果没有问题，就把委外的账结了。

第九部分　总经理开会对当月工作做总结

场景： 总经理召集大家开会总结

人物： 梅兰——总经理

　　　　郭静——销售部主管

　　　　张兰——采购部主管

　　　　孟学——计划部主管

　　　　贺炜——仓管部主管

　　　　潘明——生产部主管

　　　　郑威——财务部主管

事件： 对过去一个月的生产经营情况进行总结。

梅兰： 一个月的业务完成了，这个月大家都干了什么，干得怎么样，都说一说吧。

郭静： 我们销售部这个月共有 500 个电子挂钟的订单，实际发货了 100 个，总的来说完成了我们月初制订的计划。

孟学： 我们计划部这个月主要对公司的生产进行了排程，还算是可以吧。

张兰： 我们采购部这个月除了完成了本职工作之外，在仓管部出现问题，生产无法进行的时候，还全力配合了仓管部和生产部的工作，进行了系统的数据修正，保障了生产的按期完工及产品销售资料的正确性。

贺炜： 这个月我们仓管部出现了失误，原料入库后没有及时对ERP系统的数据进行更新,给公司的生产造成了混乱,在这里再次向大家表示歉意,在这件事情上我无疑要负主要的责任。

潘明:我们生产部门一共生产了510件电子挂钟,完成了既定的生产任务。

郑威:财务部配合各个部门的工作,较好地完成了公司财务的工作。

梅兰:好,大家都总结完了,我再总结一下。本月我们公司在销售上虽然取得了一些成绩,但是由于工作中的一些失误给公司的工作带来了一定的混乱,贺炜说主要责任在他们部门,他负主要的责任,这话是没错,不过大家想一想,这个错误是仓管部一个部门造成的吗?我看不是!我们公司是一个集体,只有这个集体中的所有环节都正常、良好地运作,公司才能健康地成长。依我看,我们之所以会出现这样的失误,是由于我们各个部门之间的沟通不足!现金流、物流、信息流是企业生产经营的三大流,任何一个环节出错,都会影响企业生产经营活动的顺畅进行。这个月,我们就是由于各个部门没有进行及时、良好的沟通,导致信息流出了问题,最终才导致物流的不顺畅!如果其他部门在与库存发生了业务后,能够及时地向仓库反映,让仓库更新库存,那么我们这个月的损失也许就不会发生。

让我们记住这次教训,记住企业生产经营中沟通的重要性,在以后的工作中争取不再发生这样的失误!

6) 第五幕 推广人总结

场景:**ERP推广现场**

人物:王雪——某公司ERP推广部的负责人

班级其他成员—— ERP推广会上的各位总裁

事件:推广负责人总结案例。

王雪:呵呵!各位老总,抱歉,一不小心,我给大家放了一段失败的案例,其实,事实也真是如此,如今ERP的高实施风险已经成为不争的事实,诸如成功概率为0说、80亿投资水漂说、三分之一能用说等流行说法。总结起来,要想使ERP真正发挥功效,企业要从需求出发,结合实际,抓住瓶颈,总体规划,分步实施,企业"一把手"的决心和认知是关键,必须重视现代企业管理模式的建立与优化调整!正确选择符合中国国情和企业实际情况的软件厂商,在实施阶段,技术基础工作和人员培训必须同步落实,监管工作同样不可忽视。"路漫漫其修远兮",ERP这株幼苗要在中国尽快长成参天大树,还需要更多的阳光和养分。谢谢大家!

4. ERP实战演练表演者角色分配(见表1-47)

表1-47 ERP实战演练表演者角色分配

序 号	姓 名	角 色	其 他 角 色
1	金明	原仓管部主管,现仓库管理员	
2	梁伟	技术部规划员	
3	汪建	销售部业务员	
4	张宇	北京福里斯特钟表有限公司总经理	

(续表)

序号	姓名	角色	其他角色
5	宋平	采购部采购员	
6	贺炜	仓管部主管	
7	陈力	仓库管理员	
8	潘明	生产部主管	
9	林山	财务部会计	
10	李冰	湖北华联商厦采购员	
11	王斌	原采购部主管，现采购部采购员	
12	周明	销售部业务员	北京兴隆注塑厂生产部主任
13	王俊	仓库管理员	上海昊恒工贸公司销售部业务员
14	顾燕	生产部生产人员	
15	贺雷	原财务部主管，现财务部会计	
16	杨彤	生产部主管	北京铝材厂销售部业务员
17	孟学	计划部主管	
18	刘芳	生产部生产人员	
19	周静	生产部委外处主任	
20	汤丽	采购部采购员	
21	罗明	财务部会计	
22	朱玉	技术部规划员	江苏塑料二厂销售部业务员
23	张兰	采购部主管	
24	王雪	串讲人	
25	刘梅	北京福里斯特钟表有限公司销售员	采购部采购员、新城钟表公司采购员、技术部规划员
26	梅兰	北京林信钟表公司总经理	
27	郑威	财务部主管	
28	郭静	销售部主管	
29	国林	销售部主管	业务员
30	老张	天津原料公司销售部经理	

第 2 章

客户订货

2.1 业务概述

2.1.1 功能概述

客户订货业务是指由购销双方确认的客户的要货过程，企业根据销售订单组织货源，并对订单的执行进行管理、控制和追踪。由"销售管理"子系统进行业务处理。

本实验主要完成向客户进行报价和与客户签订销售订单的管理工作。

- 销售报价是企业针对不同客户、不同存货、不同批量提出的有关货品、规格、价格、结算方式、折扣优惠等信息，双方达成协议后，销售报价单可以转为销售订单。通过对报价单的查询和跟踪，为销售部门提供相关客户信息。
- 销售预订单处理是计划人员针对客户非正式的、有意向的销售订单判断企业在客户需求时间内进行 ATP(可承诺量)交期模拟，预测这个订单能否完成(即此订单能否在当前生产过程中进行安排并完成)，根据模拟结果，如果认为此订单可以完成，则审批该销售预订单，然后由该预订单生成正式的销售订单。在做销售预订单处理工作时，首先设置 ATP 模拟方案，建立制造 ATP 规则，然后对存货进行售前 ATP 模拟运算，最终确定销售订单的可承诺数量及承诺日期。详细操作参见第 3 章。
- 销售订货是指企业与客户签订购销合同，主要对销售订单的执行进行管理、控制和追踪。销售订单是由购销双方确认的客户要货需求的单据，它是企业销售合同中关于货物的明细资料，也可以是一种订货的口头协议。销售订单是整个销售业务的核心，必须依据订单填制发货单和销售发票，通过销售订单可以跟踪销售的整个业务流程。经审核确认的报价单或者销售预订单可以作为生成销售订单的依据，传递到销售订货系统；已审核的销售订单可增加库存管理中料品的预约量，减少料品的可用量；已审核的销售订单可作为出货参照的依据；也为销售分析系统提供了原始分析数据。

客户是销售业务工作的起点和终点，当客户的需求信息传递到企业的销售部门时，销售部门要针对客户需求形成相应的客户订单。在此过程中，销售部门要做好订单管理工作，及时记录和跟催客户的需求信息，跟踪客户并处理好与客户的关系，最终实现将客户意向变成客户订货合同的目标。在销售订单管理过程中，需要综合考虑需求信息、交货信息和产品信息等，并通过对企业生产情况、产品定价、客户信用等方面来考察以确认和考核是否接受订货。销售订单是企业生产计划、加工生产、销售发货及货款结算的依据，对销售订单的管理是销售工作的核心。

销售订单管理业务工作包括对客户的报价管理，以及记录客户需求意向信息，以便跟踪客户；按照客户需求编制销售订单，记录客户所需产品、数量、规格型号以及交货时间和地点；查询客户订单资料，了解销售订单的执行情况，分析销售工作的进展。

2.1.2 相关子系统功能模块之间的关系

客户订货相关子系统功能模块之间的关系，如图2-1所示。

图2-1 客户订货相关子系统功能模块之间的关系

2.1.3 应用准备

(1) 建立新账套、启用要使用的系统、设置用户及其权限。
(2) 设置基础数据，包括分类体系、基础档案等。
(3) 设置单据格式、单据编号。
(4) 设置"销售管理"模块的系统选项。
(5) 录入并审核存货的期初数据。

上述准备已经在本实验初始账套中设置完成。

2.2 系统业务流程

2.2.1 日常业务流程

客户订货业务流程，如图 2-2 所示。

图 2-2　客户订货业务流程

2.2.2 主要业务内容

1. 输入销售报价单

在获得客户需求信息以后，输入产品报价单，并将已录入的报价单打印或传递给销售主管进行审核。

2. 审核销售报价单

由销售主管对产品报价单进行签字确认。已审核的单据不能修改和删除。若要修改，则对该报价单进行"弃审"后方可修改。

3. 输入销售预订单

销售预订单是指非正式的、客户有意向的销售订单。它用于给计划人员判断企业是否能满足此订单(即此订单是否能插入当前生产过程中进行加工生产)，计划人员可以对预订单进行 ATP 交期模拟，模拟完成后，给出模拟结果，如果认为可以满足该预订单，则审批预订单，并在销售系统中根据预订单生成正式的销售订单。

计划人员手工输入销售预订单,在已有的 ATP 模拟方案基础上,选取需要模拟的存货,进行多阶 ATP 模拟运算和供需分析;可以在展望期内手工录入预计占用量,观察 ATP 数量的变化,以最终确定销售订单的可承诺数量及承诺日期;用户还可以根据需要查看各种量的明细组成情况;如果企业可以满足预订单的需求,则可以审批预订单,由它可以生成正式的销售订单。详见第 3 章的"补充实验一 销售预订单处理"。

4. 输入销售订单

销售订单可以手工录入,也可参照产品报价单或者销售预订单生成。保存后的销售订单需要审核,才可以转给计划部门做生产计划。对于已执行完成的订单和不再执行的订单,可以手工关闭。

销售订单是整个销售业务的核心,必须依据订单填制发货单和销售发票,通过销售订单可以跟踪销售的整个业务流程。

5. 审核销售订单

针对销售订单进行逐笔业务的审核并签字确认,以供料品的供需计划或销售发货使用。销售主管对销售订单进行审核签字,已授权的业务员也可以对订单进行审核处理,未审核的订单可以进行修改。

6. 修改已审核的销售订单

当销售订单已经审核确认之后,若由于某种原因还需要对订单的内容进行修改,此时,要先对该订单进行弃审,然后才能进行修改,修改后的销售订单需要再次审核。

2.3 实验一 客户订货

【实验目的】

(1) 理解销售报价的作用,掌握销售报价的操作。
(2) 理解销售订货管理的主要功能,掌握相关的基本操作。

【实验要求】

以操作员的身份进入系统进行操作。

【实验资料】

1. 实验数据准备

(1) 修改系统时间为"2019-09-06"。
(2) 引入"客户订货数据准备"数据账套。

2. 实验资料

(1) 2019-09-06 接到湖北华联商厦对电子挂钟的询价电话,销售人员向其报价:电子挂钟(编号 10000),客户需要数量为 100 个,所报价为含税价,含税单价为 120 元。

(2) 对录入的销售报价单进行审核。

(3) 湖北华联商厦要求降价,双方协商后,企业同意按客户要求降价为 115 元。对该报价单中的含税单价进行修改。双方签定购销合同,预交货日期为 2019-09-20。

(4) 销售主管再次审核已修改的报价单。

(5) 参照该报价单生成一张销售订单,预发货日期和预完工日期为 2019-09-20。

(6) 审核这张销售订单。

(7) 手动输入一张销售订单:江西钟表公司购买电子挂钟,数量为 400 个,含税单价为 100 元,预发货日期和预完工日期为 2019-09-26。

(8) 审核这张手动输入的销售订单。

【操作指导】

1. 输入报价单

岗位:销售部门/业务员

菜单路径:业务工作/供应链/销售管理/销售报价/销售报价单

(1) 在"销售报价单"窗口中,单击工具栏上的"增加"按钮,生成一个新的销售报价单,如图 2-3 所示。

图 2-3 新增报价单

(2) 在"客户简称"栏位单击右侧的 ... 按钮,在参照窗口选择客户后,单击"确定"按钮,如图 2-4 所示。

图 2-4 选择客户

(3) 同理，输入"销售部门""业务员"等表头信息。在表体行中，双击"存货编码"，单击右侧的…按钮，进入"存货基本参照"窗口，选择"电子挂钟"存货后，单击"确定"按钮，再输入电子挂钟的数量及报价，其他信息会自动填入。完成后，单击工具栏上的"保存"按钮，即完成报价单的录入工作，如图2-5所示。

图 2-5 录入报价资料

> **注意：**
> - 系统中所有蓝字的项目均是必填项，黑字为可选项。
> - 报价单审核前均可以进行修改。

2. 审核报价单

岗位：销售部门/销售主管
菜单路径：业务工作/供应链/销售管理/销售报价/销售报价单

在"销售报价单"窗口中,单击工具栏上的"审核"按钮,下方审核人处即显示签名,完成审核后的报价单可以作为生成销售订单的依据。

> **注意:**
>
> 审核后的报价单需要修改时,先进行"弃审"才能进行修改;此时,修改后的订单仍需要进行审核才可成为有效的报价单。

3. 修改报价单

岗位:销售部门/业务员

菜单路径:业务工作/供应链/销售管理/销售报价/销售报价单

在"销售报价单"窗口中,查找到需要修改的报价单,单击工具栏上的"弃审"按钮,再单击"修改"按钮,即可进行修改。将含税单价修改为"115",其他数据将自动计算,最后单击"保存"按钮,保存该报价单,如图2-6所示。

图2-6 修改报价单资料

4. 审核已修改的报价单

岗位:销售部门/销售主管

菜单路径:业务工作/供应链/销售管理/销售报价/销售报价单

在"销售报价单"窗口中,查找到该报价单,单击工具栏上的"审核"按钮,完成审核后的报价单可以作为生成销售订单的依据。

> **注意:**
>
> 审核后的报价单需要修改时,先"弃审"再"修改";此时,修改后仍需要进行审核才可成为有效的报价单,作为生成其他单据的依据。

5. 根据报价单生成销售订单

岗位：销售部门/业务员

菜单路径：业务工作/供应链/销售管理/销售订货/销售订单

(1) 在"销售订单"窗口中，单击工具栏上的"增加"按钮，生成一个新的销售订单。单击工具栏上"生单"按钮中的"报价"选项，弹出"查询条件选择—订单参照报价单"窗口，单击"确定"按钮，进入"参照生单"窗口。

(2) 在"参照生单"窗口中，双击上方列表中对应报价单的"选择"栏位单元格处，"选择"栏显示为"Y"后，再选择下方的"订单参照报价单"列表中相应的表体记录行，如图2-7所示。单击"确定"按钮，即返回到"销售订单"窗口，信息被带入销售订单中。

图 2-7　选择报价单

(3) 在"销售订单"窗口中，修改"预发货日期"和"预完工日期"为"2019-09-20"，然后单击"保存"按钮，即完成参照报价单生成销售订单的工作，如图2-8所示。

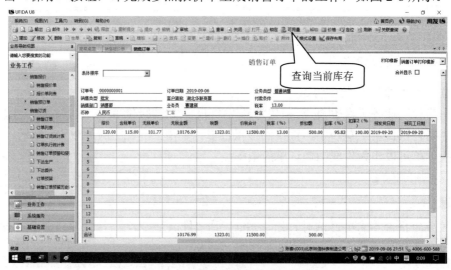

图 2-8　由报价单转成销售订单

注意：

- 生产制造企业的销售订单模板格式可以修改，以便更好地满足业务管理需要：在销售订单显示模板表体项中添加"预完工日期"栏目。操作步骤：打开销售订单窗口，在执行"新增"单据之前，单击上方工具栏中的"格式设置"，进入"单据格式设置窗口"，在左侧找到"销售订单显示模板"命令，打开模板，单击上方"表体项目"进入"表体"窗，查找选择"预完工日期"字段项，单击"确定"按钮完成模板加载，如图 2-9 所示，最后单击"保存"模板。退出后，返回销售订单窗口。

图 2-9 销售订单显示模板修改

- 若不在销售订单格式的表体项中添加"预完工日期"栏目，则其中"订单日期"项即为完工日期。销售订单表体栏目中的"预发货日期"默认为该订单日期。预发货日期可以大于或等于订单日期。
- 可以通过窗口中的"可用量"按钮，查询产品的当前可用数量，以便了解对客户需求的满足情况。

6. 审核生成的销售订单

岗位：销售部门/销售主管
菜单路径：业务工作/供应链/销售管理/销售订货/销售订单
在"销售订单"窗口中，单击工具栏上的"审核"按钮。

注意：

- 订单审核前仍可以进行修改。
- 审核后的订单需要弃审后才可进行修改。
- 修改后的销售订单，仍需要进行审核，才能成为有效的销售订单。

7. 手工录入新的销售订单

岗位：销售部门/业务员

菜单路径：业务工作/供应链/销售管理/销售订货/销售订单

(1) 在"销售订单"窗口中，单击工具栏上的"增加"按钮，生成一个新的销售订单。订单日期为"2019-09-06"，录入客户、销售部门业务员等其他表头项目，如图2-10所示。

图 2-10　手工录入销售订单

(2) 在表体行中输入产品各项资料。双击"存货编码"栏位，单击右侧的 ... 按钮，弹出"存货基本参照"窗口，如图2-11所示，选择"电子挂钟"存货。

图 2-11　选择存货窗口

(3) 选中存货"电子挂钟"，单击"确定"按钮，系统会自动填写其"存货编码"及"存货名称"等信息，然后输入数量和含税单价，修改"预发货日期"和"预完工日期"

为 2019-09-26，单击"保存"按钮，完成销售订单的录入工作，如图 2-12 所示。

图 2-12　手动生成销售订单

8. 审核手工录入的销售订单

岗位：销售部门/销售主管

菜单路径：业务工作/供应链/销售管理/销售订货/销售订单

在"销售订单"窗口中，单击工具栏上的"审核"按钮。

【思考题】

销售订单有哪些生成方式？它们各自都起什么作用？

第 3 章

排 程 业 务

3.1 业务概述

3.1.1 功能概述

本实验的作用在于根据客户订货需求或者预测订单需求完成企业主生产计划和物料需求计划的编制，据此，即可根据排程建议的供需数量和时间编制采购订单、生产订单和委外订单，供采购部门和生产部门安排生产使用，同时各部门也可以根据自身情况和资源产能状况，向企业规划部门反馈资源能力的满足情况，或修改计划，或采取措施增加产能，以制订出合理的采购计划和生产计划，使实际生产活动能够按照计划顺利进行。

1. 主生产计划

主生产计划(Master Production Schedule，MPS)是以客户销售订单和市场预测为需求数据源，以企业生产的产品为对象，说明什么时间生产什么产品及生产多少的计划安排。即计划企业应该生产的最终产品或关键物料的需求数量和完工日期，以及规划供应数量与审核日期(开工时间)，并在生产需求和可用资源之间进行平衡。

MPS 用来定义关键物料或产品(对公司利益影响重大或消耗关键资源的物料，主要针对产成品)的预期生产计划，有效的主生产计划可以为销售承诺提供基准，并用以识别所需资源(物料、劳力、设备与资金等)的用量及其所需要的时间。可以使用 MPS 调节生产来有效地利用资源并推动物料需求计划(MRP)的有效制订，因此，MPS 是产销协调的依据，它是所有计划的根源。制造、委外和采购三种活动的细化日程都是依据 MPS 的日程计算而得。在计划相关零配件和采购件之前，计划和调整关键物料的主计划可以保证对 MPS 料品计划所做的任何变动不会影响较低层次的物料，以避免给供应计划造成不必要的混乱。

主生产计划是确定每一具体的最终产品在每一具体时间段内生产数量的计划。最终产品是指对于企业来说最终完成的、要出厂的完工成品，它要具体到产品的品种、规格及型号等。具体时间段，通常是以周为单位，也可以是日、旬、月。主生产计划详细规定了将要生产什么、什么时段应该产出，它是独立的需求计划，通过独立需求来源(需求预测订单和客户订单)，综合考虑现有库存和未关闭订单而生成。主生产计划根据客户合同和市场预测，把经营规划或生产规划大纲中的产品系列具体化，使之成为展开物料需求计划的主要依据，起到从综合计划向具体计划过渡的承上启下的作用。

在 MPS 生成之前，规划人员需要根据市场需求预测、客户订单情况，制定出几套面向最终产品的生产方案，作为生产规划模块的输入资料，根据这些资料，以及现有可用资源及料品的规划政策，自动产生最终产品及关键零部件的模拟需求与供应计划。经规划人员最终确定的方案及据此展开的需求及供应计划，将为相关部门(采购部门、生产部门)提供相应配合、调整及进一步规划的依据。产销排程是一切供应活动(制造、委外、采购等)具体指令下达的依据，因此 MPS 的执行方案应保持相对的稳定。如果 MPS 经常变动或可行性不高，将迫使所有的供应活动摇摆不定，导致生产经营秩序混乱，必然会造成极大的浪费。

2. 物料需求计划

20 世纪 60 年代美国 IBM 公司管理专家约瑟夫·奥列基博士提出独立需求和相关需求的概念，并利用库存物料订货的新方法——物料需求计划(Material Requirements Planning, MRP)来进行库存管理。物料需求计划是指依据主生产计划对最终产品的需求数量与交货期，以及供应数量与审核日期，推导出构成产品的零配件及原材料的需求数量和需求日期，再推导出自制料品、采购料品和委外料品的供应时间和供应数量，并进行需求资源和可用能力之间的平衡。利用物料清单资料，同时考虑现有库存量信息及有效订单(如请购单、采购订单、生产订单、委外订单等)的供应量，来计算物料净需求，并提出新的供应规划，这一过程称为物料需求计划。它是相关需求计划。MRP 是为了解决物料库存大量占用的一个有效的物料控制系统，它是在满足物料需求的基础上，使其库存水平保持在最低的状态。MRP 是一种保证既不出现短缺，又不积压库存的计划方法，有效解决了制造业所关心的缺件与超储的矛盾，它体现了按需准时生产的思想。

在运算 MRP 之前，要先执行 MPS 运算，待关键物料(MPS 物料)先模拟出可行的产销计划以后，再依此供需计划进行 MRP 的供需规划的编制，以保证 MRP 计划的可行性。MRP 规划是以 MRP 物料为对象，依 MPS 计划或物料预测订单需求，依据物料清单提供的产品物料结构，考虑现有库存和未关闭订单，计算出各采购件、委外件及自制件的供需数量和供需日期，以供制定采购订单、委外订单和生产订单之用。

按需求的来源不同，企业内部的物料可分为独立需求和相关需求两种类型。独立需求是指需求量和需求时间由企业外部的需求来决定，如客户订购的产品、科研试制需要的样品、售后维修需要的备品备件等。相关需求是指根据物料之间的结构组成关系而派生出来的需求，如半成品、零部件、原材料等的需求是由成品的需求逐级派生而来的。

MRP的基本任务是：从最终产品的主生产计划(独立需求)导出相关物料(原材料、零部件等)的需求量和需求时间(相关需求)；根据物料的需求量及需求时间和生产(或采购订货)周期来确定其开始生产(或采购订货)的供应时间及其供应数量。

MRP的基本内容是编制所有物料的供需规划。然而，要正确编制物料需求计划，首先必须落实产品的主生产计划，这是MRP展开的起点。MRP还需要知道产品的物料结构，即物料清单(Bill Of Material，BOM)，才能把主生产计划展开成物料供需计划；同时，还必须知道库存数量、在单量及预约量等才能准确计算出物料的采购及生产数量。因此，运算MRP的依据是主生产计划、物料清单、库存信息、工作日历等。

3. 执行令单的编制

执行令单是指采购订单、委外订单和生产订单。由 MPS 和 MRP 规划出的建议的物料供需数据资料，经过粗能力和细能力资源产能计算权衡后，若资源能力可以满足生产订单的需要，则可以进一步制作采购、委外、生产活动的执行令单，即生成采购订单、委外订单和生产订单，并下发给采购部门和生产部门。采购部门和生产部门还可以根据相应的订单，结合自身的实际能力对规划部门的规划进行反馈，可以与规划部门协商修改相关计划。通过对采购订单、委外订单和生产订单的管理，有助于企业实现采购业务、委外加工业务和生产业务的事前预测、事中控制和事后统计。

- 采购订单是企业与供应商之间签订的采购合同或购销协议，其内容包括采购什么物料、采购多少、由谁供货、何时到货、到货地点、运输方式、价格、运费等数据信息。它是采购收货、入库和财务结算的依据。
- 委外订单(委外加工)是企业与委外供应商之间签订的委外加工合同或协议，是仓库发料和收货的依据，也是委外供应商领料及加工的依据。生产部门业务员负责与委外商的联络，由生产部门经理对委外订单审核签字确认，再由委外商确认后，就形成了正式的委外加工合同或协议。委外订单的信息包括反映在订单中的委外加工母件信息及反映在订单用料表中的子件信息。母件信息包括委托供应商加工什么物料、加工多少、什么时间加工完成等收货数据信息，它是仓库收货的依据；子件信息包括需要提供给委外供应商的子件种类、用料量、需求日期、批次、发料仓库、供应类型等发料数据信息，它是仓库发料的依据。因此，对委外订单的管理包括对母件的管理和对子件的管理。企业生产管理部门或物料管理部门通常以委外订单为中心，依据委外订单进行委外后续的发料、到货、入库、开票、核销、结算等业务。
- 生产订单(制造命令或工作订单)主要用来表示某一物料的加工生产数量,计划开工日期和完工日期等数据信息的单据。它是对加工车间派工和领料的依据，也是车间管理中工序规划的依据，企业的生产管理或物料管理人员通常以生产订单为依据，来控制产能利用、缺料、效率、进度等情况。

3.1.2 相关子系统功能模块之间的关系

主生产计划与其他子系统之间的关系,如图 3-1 所示。排程业务模块之间的关系,如图 3-2 所示。

图 3-1 主生产计划与其他子系统之间的关系

图 3-2 排程业务模块之间的关系

3.1.3 应用准备

(1) 建立账套:用户在新建账套时可选择为工业企业,可设置用户单位信息、分类编码方案、数据精度等。

(2) 系统启用：在新建账套后，系统提示是否进行系统启用设置，相关的系统(主生产计划、物料需求规划、物料清单)只有被启用后才可使用。

(3) 基本资料维护：用户需要在基础档案中进行设置，"自定义项、工作日历、时栅资料、时格资料、预测版本"是使用"主生产计划"系统时可选择性建立的基础资料；使用"需求规划"系统时，"工作日历、时栅资料、时格资料、预测版本"等基础档案是系统内部必须首先建立的基础资料；"自定义项"是使用"需求规划"系统时可选择性建立的基础资料。

(4) 单据设置：用户可以对"主生产计划""物料需求规划"模块的所有单据进行格式设置、编号设置。

(5) 物料清单：在生产制造模块中，录入产品的物料清单，供 MPS、MRP 生成使用。

3.2 系统业务流程

3.2.1 日常业务流程

主生产计划的业务流程，如图 3-3 所示。

图 3-3 主生产计划的业务流程

物料需求计划的业务流程，如图 3-4 所示。在主生产计划已经生成的基础上对物料需求进行计划。

图 3-4　物料需求计划的业务流程

3.2.2　主要业务内容

1. MPS 累计提前天数推算和库存异常查询

在物料的固定提前期、变动提前期或主要物料清单更改时，执行本作业，以重新计算各物料的累计提前天数，并更新存货档案及 MPS 和 MRP 系统参数的最长累计提前天数。

库存异常查询主要查询显示库存量为负值的料品。若存在负值的库存，则必须将库存数据调整正确后方可进行 MPS 规划，以避免由于数据错误导致供需规划结果无意义。

2. MPS 计划参数维护

在 MPS 计划执行之前，要设定企业进行 MPS 运算所依据的条件，如预测版本、时栅代号、截止日期、MPS 版本代号及其计划说明等。

3. MPS 计划生成

系统依据物料的需求来源(需求预测及客户订单)，考虑现有物料存量和锁定、已审核订单(采购请购单、采购订单、生产订单、委外订单)余量，及物料提前期、数量供需政策等，自动产生 MPS 料品的供应计划。

4. MPS 计划作业的供需资料查询

按物料或者按销售订单查询 MPS 的规划供需状况。

5. MRP 累计提前天数推算和库存异常状况查询

在物料的固定提前期、变动提前期或主要物料清单更改时，可执行本作业，重新计算各物料的累计提前天数，并更新存货档案及 MPS 和 MRP 系统参数的最长累计提前天数。

库存异常状况查询是查询各仓库中现存量为负值的不正常物料资料，供 MRP 生成前查核使用。库存调整准确以后才可以使 MRP 运算正确。

6. MRP 计划参数维护

设置 MRP 运算的相关参数，作为 MRP 计算时所依据的条件。

7. MRP 计划生成

系统依据物料的需求来源(主生产计划、需求预测及客户订单)，按物料清单，考虑现有物料存量和锁定、已审核订单(采购请购单、采购订单、生产订单、委外订单)余量及物料提前期、数量供需政策等，自动产生 MRP 料品的供应计划。

8. MRP 供需资料查询

按物料或者按销售订单查询 MRP 的规划供需状况。

3.3 实验二 排程业务

【实验目的】

理解主生产计划和物料需求计划的作用，掌握产销排程方法和计划生成的操作。

【实验要求】

以操作员身份进入系统进行操作。

【实验资料】

1. 实验数据准备

(1) 修改系统时间为"2019-09-06"。

(2) 引入"排程业务数据准备"数据账套。

2. **实验资料**

(1) 针对 MPS 计划，推算料品累计提前天数，并对库存异常状况进行查询。

(2) 设置 MPS 计划参数：计划代号为 0001，计划说明为 201909MPS，预测版本代号为 201909(2019 年 9 月版需求预测)，需求时栅编号为 0001，计划代号为 0001，计划期间起始日期为 2019-09-06，截止日期设为 2019-09-30，初始库存为现存量。时栅(0001)资料如表 3-1 所示，计划代号资料如表 3-2 所示。

表 3-1 时栅(0001)资料

行 号	天 数	需 求 来 源
1	10	客户销售订单
2	20	预测＋客户销售订单，反向(往前)抵消
3	40	预测＋客户销售订单，先反向(往前)再正向(往后)抵消

表 3-2 计划代号资料

序 号	计 划 代 号	计 划 说 明	计 划 类 别	默 认 计 划
1	0001	201909MPS	MPS	否
2	0002	201909MRP	MRP	否

(3) 生成 MPS 的供需规划资料。

(4) 查询并分析 MPS 的供需资料内容。

(5) 针对 MRP 计划，推算料品累计提前天数，并对库存异常状况进行查询。

(6) 设置 MRP 的计划参数：计划代号为 0002，计划说明为 201909MRP，预测版本代号为 2019091(2019 年 9 月版需求预测)，需求时栅编号为 0001，计划期间起始日期为 2019-09-06，截止日期设为 2019-09-30，来源 MPS 计划代号为 0001，初始库存为现存量。不考虑替换料、替代料的情况。

(7) 生成 MRP 的供需规划资料。

(8) 查询 MRP 的供需资料内容。

【操作指导】

1. MPS 累计提前天数推算和库存异常状况查询

岗位：规划人员
菜单路径：业务工作/生产制造/主生产计划/MPS 计划前稽核作业/累计提前天数推算
菜单路径：业务工作/生产制造/主生产计划/MPS 计划前稽核作业/库存异常状况查询

(1) 在"累计提前天数推算"窗口中，单击"执行"按钮，系统自动执行各物料累计提前期推算，弹出提示"处理成功"窗口，单击"确定"按钮，即完成操作。

(2) 在"库存异常状况查询"查询条件选择窗口中，输入常用条件，单击"确定"按钮，即可查询到出现异常的 MPS 物料的库存异常状况（如库存量为负值等）。若无异常情况，表体内容为空。物料库存异常状况查询如图 3-5 所示。

图 3-5　物料库存异常状况查询

"累计提前期天数推算"仅是按照物料工艺路线对物料的固定提前期进行求和，未包括变动提前期。该计算实际上是对"存货档案/计划"中的各个物料的累计提前期数据项的计算，在存货档案中可见该数值。计算完成后在"MPS 计划参数维护"界面中"最长累计提前天数"即可显示 MPS 件的最长生产时间（不含变动时间）。

2. MPS 计划参数维护

岗位：规划人员

菜单路径：业务工作/生产制造/主生产计划/基本资料维护/MPS 计划参数维护

单击"增加"按钮，在"MPS 计划参数维护"对话框中，设置各项参数，输入"计划代号"，勾选"是否生效"，输入"预测版本""需求时栅""计划期间起始日期""截止日期"(将销售订单的完工日期包含在内)，计划时考虑"生产订单""委外订单""请购订单""采购订单""进口订单""计划订单"的在单状况和"安全库存"，勾选"供需追溯""出货消抵"。单击"确定"按钮，即完成 MPS 计划参数的维护工作，如图 3-6 所示。

◆ 勾选"是否生效"，表示执行 MPS 计算时按照所选的需求时栅设计的取数方式获取需求订单数据而计算出的 MPS 立即生效，即可作为生成执行令单的依据。

- 需求时栅是针对获取物料需求来源数据时设定的时段。不同时段所使用的需求来源的数据会不同，可能是客户真实订单需求，也可能是企业预测的需求，或者两者兼有。在获取不同来源的需求数据时采用抵消的方式进行计算，因此，就需要设定不同时段采用何种抵消方式。详见本章【系统功能参数说明】。
- 设置"截止日期"的目的是要将完工日期在内的物料的销售订单或预测订单纳入MPS 计划。设置截止日期后，截止到该时间内的销售订单将参与计划的计算。
- "初始库存"选项选择"现存量"，表示 MPS 计算净需求时将考虑扣除期初库存现存量。
- "逾期时正向排程"选项是指用于设置计划订单的排程方式。如果为未选中状态，系统将以物料的需求日逆推计划订单的开始日，而不论计划订单是否逾期；若为选中状态，则当计划订单开工日期逾期时，系统自动将该计划订单以系统日作为开始日顺推完成日，而不论是否满足需求日期。默认为未选中状态。
- "供需追溯"选项是指由 MPS 自动规划后，各订单(计划订单、生产订单、请购单、采购订单、进口订单、委外订单)的需求来源资料，以及根据销售订单追踪其相关供应资料。若选择为未选中状态，则 MPS 计算时不记录供需追溯资料，可以提高运算效率。若为选中状态，则可在供需追溯资料查询功能中查询到需求来源资料，或按照物料查询时，在供需资料明细查询表体中右击，可以查询该订单的供需追溯资料。
- MPS "最长累计提前天数"是指按照物料工艺路线计算的 MPS 中最长的累计提前期天数，表示 MPS 件的生产时间，尚未考虑变动提前期。参考客户订单和产品预测订单资料的预计完工日期来确定截止日期，由此所计算出的截止天数应不小于最长累计提前天数，否则，料品的供应计划将会逾期(来不及供应)。该值由"MPS 计划前稽核作业"中的"累计提前期天数推算"命令自动计算而得。

图 3-6　MPS 计划参数设置

3. MPS 计划生成

岗位：规划人员

菜单路径：业务工作/生产制造/主生产计划/MPS 计划作业/MPS 计划生成

在"MPS 计划生成"窗口(如图 3-7 所示)中，选择计划代号"0001"，单击"执行"按钮，系统会自动运算 MPS。完成后弹出提示"处理成功"的窗口，单击"确定"按钮，即完成 MPS 的处理。

图 3-7　MPS 计划数据生成

> **注意：**
> - 本模块根据销售订单的需求对 MPS 料品进行净需求（扣除库存现存量）计算，可以包括最终产品(如电子挂钟)、关键零部件、采购期较长的采购件、产能负荷占用较多的零部件(如使用瓶颈料品)等。
> - MPS 的计算根据独立需求作为来源，受到销售订单、工作日历、BOM、库存现存量的影响，若它们发生了变化，则 MPS 需要重新计算生成，计划也发生改变。
> - 若同时有预测的销售订单，则按照所选取的需求时栅设计方案的抵消方法取得独立需求的资料，然后依此需求数量及时间推算 MPS。

4. MPS 计划作业的供需资料查询

岗位：规划人员

菜单路径：业务工作/生产制造/主生产计划/MPS 计划作业/供需资料查询—明细(物料)

菜单路径：业务工作/生产制造/主生产计划/MPS 计划作业/供需资料查询—订单

（1）执行"供需资料查询—物料"命令，在"查询条件选择"窗口中，选择查询 MPS 及其代号条件，单击"确定"按钮，进入 MPS 计划列表，如图 3-8、图 3-9 所示。

图 3-8　选择 MPS 过滤条件

图 3-9　MPS 按物料查询列表

(2) 在图 3-9 中双击选择的 MPS 所在记录行，即可显示主生产计划的详细资料，如图 3-10 所示。单击最右侧单元格，可看到被遮住的最右侧单元格的内容，拖动左边单元格边界线，可以锁住左边栏目不被移动，以便于浏览。

图 3-10 电子挂钟 MPS 的供需明细资料

如图 3-10 所示，MPS 规划结果分析如下。

9 月份电子挂钟期初现有库存量为 50 个，生产批量为 30 个，本月有效工作日 21 天，按照先完工先生产的原则，计算 MPS 物料的净需求，规划的结果如下。

按照销售订单 0000000001 的要求，9 月 20 日完工交货 100 个电子挂钟，规划供应数量为 9 月 18 日开始组装 60 个(客户订单需求 100 个，扣除库存 50 个，则需要供应 50 个。由于其供应倍数为 30，则规划供应为 60 个)。考虑组装 60 个电子挂钟的累计提前期为 2 天，即 1 天固定提前期、1 天变动提前期(变动基数为 200，60/200＝0.3，计为 1 天)，扣除周六和周日，经过 18 日、19 日两天组装，20 日完成生产供应，此时结存为 110 个(现存量 50 个＋供应订单余量 60 个)，满足需求订单 100 个(即预约量)以后电子挂钟预计可用量剩余 10 个。

按照销售订单 0000000002 的要求，9 月 26 日完工交货 400 个电子挂钟，计划 9 月 23 日开始组装 390 个(客户需求 400 个，扣除预计可用量 10 个以后，390 正是批量 30 的倍数)。考虑组装 390 个电子挂钟的固定提前期为 1 天、变动提前期 2 天(390/200＝1.95，计为 2 天)，扣除周六和周日，经过 23 日、24 日、25 日 3 天时间，26 日完成生产供应 390 个，加上预计可用量剩余的 10 个，合计共有电子挂钟 400 个，正好满足此客户订单的需求。

注意：

- 本模块只对 MPS 料品进行净需求计算，主要是最终产品(如电子挂钟)、关键零部件、采购期较长的采购件、产能负荷占用较多的零部件(如使用瓶颈料品)等。
- 系统依据料品的需求来源(需求预测及客户订单)，考虑现有料品存量和锁定、已审核订单(采购请购单、采购订单、生产订单、委外订单)余量及料品提前期、供需政策等，自动产生 MPS 的供应计划。净需求＝毛需求－现有库存量＋在单量－预约量，其中，对这些变量的名词解释可参见【系统功能参数说明】。

♦ MPS 中的供需数量计算:

产品需求量(订单原量)＝产品订单的需求量与预测订单抵消后的结果(参见【系统功能参数说明】)。

规划供应数量(规划供应的订单原量)＝产品需求量－现有库存量＋在单量－预约量

本实验中"规划供应的订单原量"就是(订单需求数量－现有库存量)的数值,为净需求,对其进行批量化处理后的数据,就是料品的规划供应数量(规划供应的订单原量)。

如果料品有供应倍数,那么此"规划供应的订单原量"的数值需要进行批量化处理。批量化处理是指根据供应(订购或生产)倍数来确定供应数量。供应(订购或生产)倍数是指在某个时段内向供应商一批订购或要求生产部门一批生产某种物料的数量。例如,制造倍数为 30,表示生产线一批生产该物料的数量为 30,即使实际料品规划供应量为 1,也要生产 30 个,即为该料品的规划供应数量。

♦ MPS 中的供需时间计算:

需求日期(供需日期)＝订单的产品需求日期

每个物料规划供应的开始时间(审核日期)是根据其需求日期逆推而得的,逆推的天数为该物料的累计提前期。计算累计提前期时,只考虑物料的主要物料清单,不考虑替代清单,母件不考虑其虚拟子件的固定提前期,不计算其产出品提前期。在 MPS 中,电子挂钟的累计提前期是指电子挂钟在总装中心组装需要的时间,由其固定提前期和变动提前期求和而得。

某物料的累计提前期＝该物料固定提前期＋该物料变动提前期

- 累计提前期是指执行某项目从结束日期算起倒推到开始日期这段消耗的时间。由于供应批量或能力变化,或者作业进度安排上的问题,提前期会发生改变。累计提前期等于固定提前期与总变动提前期(随供应数量和变动基数而变)之和。
- 固定提前期是指从发出需求信息,到收到存货为止所需的固定时间。它不随着规划供应料品的数量而变化。以采购件为例,不论数量多少,从订货发出采购订单到收到料品为止的最少采购时间,不随采购数量而变化,称为此采购件的固定提前期。
- 总变动提前期指在进行生产、采购、委外活动时,会因规划供应数量的变化而使物料生产、采购、委外加工的时间有所不同,该时间称为总变动提前期。它会根据料品的变动基数、库存现存量和供应批量的变化而变化。
- 变动基数指在考虑变动提前期时每日的产量。本实验设定电子挂钟的变动基数为 200 个,变动提前期为 1 天,表示多生产 1～200 个数量就要多增加 1 天的时间,则总变动提前期为 1 天。
- 物料的变动提前期＝(规划供应的订单原量÷原量变动基数)×变动提前期
该数值若小于 1,则要计为 1 天。例如,规划供应数量为 201,该物料变动提前期＝(201÷200)×1,大于 1 且小于 2,则计为 2 天。即供应 201 个,需要变动提前期为 2 天。

- 做完 MPS 运算后，该规划是否可行，还需要进行资源的粗能力计划检验，了解资源是否能够满足主生产计划所需要的对产能的要求。若产能不能满足，则需要调配资源，修改主生产计划的时间或数量，甚至修改销售订单的完工日期等资料(参见产能管理的操作)。

5. MRP 累计提前天数推算和库存异常状况查询

岗位：规划人员

菜单路径：业务工作/生产制造/需求规划/MRP 计划前稽核作业/累计提前天数推算

菜单路径：业务工作/生产制造/需求规划/MRP 计划前稽核作业/库存异常状况查询

(1) 在"累计提前天数推算"窗口中，单击"执行"按钮，完成累计提前天数的推算，弹出"处理成功"提示窗口，单击"确定"按钮完成。

(2) 在"库存异常状况查询"查询条件选择窗口中，输入常用条件（默认为"否"），单击"确定"按钮，即可查询到出现异常的 MRP 物料的库存异常状况(如库存量为负值等)。若无异常情况，表体内容为空。

注意：

- "累计提前期天数推算"仅是按照物料工艺路线对物料的固定提前期进行求和，未包括变动提前期。该计算实际上是对"存货档案/计划"中的各个物料的累计提前期数据项的计算，在存货档案中可见该数值。计算完成后在"MRP 计划参数维护"界面中显示 MRP 件的"最长累计提前天数"。
- 按照物料工艺路线计算的最终产成品的最长累计提前期，是指采购、加工、装配提前期的总和。它表明生产产成品的最短时间，则销售订单交货日应该大于此时间，才不会出现交货违约的现象。所以，该时间可以作为销售人员签单的参考之一。

6. MRP 计划参数维护

岗位：规划人员

菜单路径：业务工作/生产制造/需求规划/基本资料维护/MRP 计划参数维护

在"MRP 计划参数维护"对话框中，输入各项参数，勾选"是否生效"，计划时考虑"生产订单""委外订单""请购订单""采购订单""进口订单""计划订单"和"安全库存"，勾选"供需追溯""出货消抵"。单击"确定"按钮，即完成 MRP 计划参数的设置工作，如图 3-11 所示。

图 3-11 MRP 参数设置

注意：

- 勾选"是否生效"，表示执行 MRP 计算时生成的 MRP 计划代号立即生效，即可作为生成执行令单的依据。
- "截止日期"指将料品或其预测订单纳入 MRP 计划。设置截止日期后，截止到该时间内完工的料品或其预测订单将参与计划的计算。
- "初始库存"选项选择"现存量"，表示 MRP 计算净需求时将考虑期初库存现存量。
- "逾期时正向排程"用于设置计划订单的排程方式。如果为未选中状态，系统将以物料的需求日反向推算计划订单的开始日，而不论计划订单是否逾期；若为选中状态，则当计划订单开工日期逾期时，系统自动将该计划订单以系统日作为开始日进行正向排程，而不论是否满足需求日期。默认为未选中状态。
- "供需追溯"指由 MRP 自动规划后，各订单(计划订单、生产订单、请购单、采购订单、进口订单、委外订单)的需求来源资料，以及根据销售订单追踪其相关供应资料。若为未选中状态，则 MRP 计算时不记录供需追溯资料，从而提高运算效率；若为选中状态，则可在供需追溯资料查询功能中查询到需求来源资料，或者按照物料查询时，在供需资料明细查询表体中右击，可以查询该订单的供需追溯资料。
- "最长累计提前天数"是指按照物料工艺路线计算的 MRP 件最长的累计提前期天数，表示 MRP 件的耗用时间，尚未考虑变动提前期。该值由"MRP 计划前稽核作业"中的"累计提前期天数推算"命令计算而得。上层母件的相关需求决定了子件的需求(完工或到货)，由此确定截止日期，此时所计算出的截止天数应不小于 MRP 件最长累计提前天数，否则，有些 MRP 料品的供应计划将会逾期(来不及供应)。

7. MRP 计划生成

岗位：规划人员

菜单路径：业务工作/生产制造/需求规划/计划作业/MRP 计划生成

在"MRP 计划生成"窗口(如图 3-12 所示)中，单击"执行"按钮，系统会自动运算 MRP。完成后弹出"处理成功"的提示窗口，再单击"确定"按钮即完成 MRP 的计算。

图 3-12 MRP 计划生成

注意：

MRP 运用相关需求的概念进行计算，受到 MPS、工作日历、BOM、库存现存量的影响，如果它们发生变化，则 MRP 需要重新计算生成，计划也发生改变。MRP 要与其 MPS 相匹配。

8. MRP 计划作业的供需资料查询

岗位：规划人员

菜单路径：业务工作/生产制造/需求规划/MRP 计划作业/供需资料查询—物料

(1) 执行"供需资料查询—物料"命令，再单击"查询条件选择"命令，在打开的"查询条件选择"窗口中输入条件，如图 3-13 所示，单击"确定"按钮。

(2) 如图 3-14 所示，在"供需资料查询—物料"窗口中，双击某物料所在行，即可查看其详细规划

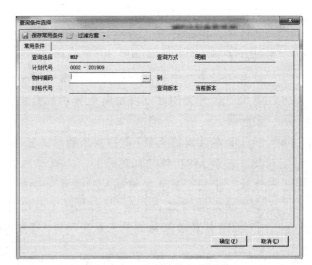

图 3-13 MRP 查询条件选择

资料，如图 3-15 所示。

图 3-14　MRP 按物料查询列表

图 3-15　电池供需规划明细资料查询

规划资料分析如下。

以电池的供需规划情况为例。由图 3-15 可见，因为在对销售订单 0000000001 和销售订单 0000000002 这两笔需求进行 MPS 运算时，已规划出在 9 月 18 日开始组装电子挂钟 60 个和在 9 月 23 日开始组装 390 个，说明在这两个时间点必须供应电池 120 个和 780 个，且符合供应倍数(10)的要求，即此时电池的规划需求为 120 个和 780 个。因此，经过 MRP 运算的结果显示：规划 9 月 18 日需求电池 120 个、9 月 23 日需求电池 780 个，由于电池采购提前期为 1 天，因此，规划 9 月 17 日需要采购订货 120 个和 9 月 22 日要采购订货 780 个的供应计划。

注意：

- 本模块是在 MPS 已完成的基础上，针对 MRP 料品进行净需求数据的计算。
- MRP 中料品的供需数据计算如下：

    料品的规划需求量(订单原量)＝上层母件规划供应数量
料品的规划供应量(订单原量)＝料品的规划需求－现有库存量＋在单量－预约量

- MRP 中料品的供需时间计算如下：
  料品的规划需求时间(供需日期)＝上层母件规划供应的开始日期(审核日期)
  规划供应的开始时间(审核日期)是根据料品的规划需求日期逆推而得。逆推的天数为该料品的累计提前期。累计提前期＝固定提前期＋变动提前期。计算累计提前期时，只考虑物料的主要物料清单，不考虑替代清单，母件不考虑其虚拟子件的固定提前期，不计算其产出品提前期。
- 做完MRP运算后，还需要进行能力需求计算和资源能力需求检验，了解资源是否能满足MRP中各物料对产能的要求。若产能不能满足，则需要调配资源、修改MRP和MPS，甚至修改销售订单的完工日期等资料(参见产能管理)。

【系统功能参数说明】

关于需求来源及需求时栅、需求规划等事项的说明如下。

在 MPS 和 MRP 运算过程中所考虑的需求资料来源于两个方面：一是客户销售订单的需求数据，另一个是企业自身预测的需求数据。两类数据可以同时存在，也可以只有其中之一。那么，如何计算需求量数据呢？需要对需求来源资料划分时间段(时栅)以分别计算不同时间段内的数据。在某时间段内可能兼有实际订单需求和预测需求，两者组合的需求数据需要使用抵消方法来计算求得。通常有四种需求抵消方式(反向抵消、正向抵消、先反向再正向抵消、先正向再反向抵消)，参见下述内容所示。

(1) "时栅(Time Fence)"表示用来划分需求来源资料的时间段，时栅方案中设置了不同时间段计算需求的取数算法。由于不同时段的需求来源不同，取数算法不同，因此，所得到的需求数据也不同。在进行 MPS 和 MRP 计算时，对某一时段的某物料而言，其独立需求来源可能是客户销售订单，也可能是预测订单，或两者都有，则系统将按需求时栅资料设置的算法进行运算。需求时栅资料如实验资料中的表 3-1 所示，三个时间段有不同的取数算法。

举例说明，如图 3-16 所示，9 月 1 日、9 月 11 日、9 月 21 日分别有预测需求 500 个，9 月 7 日有一张客户订单需求为 1200 个。因为所有的预测需求都是为客户真实订单准备的，所以，抵消方法是以客户实际需求日期为分界点与预测需求进行抵消计算的。

图 3-16　需求数据来源分析

若不分时段(无时栅)，则需求数据情况如下：若采用"反向抵消"的方法，以 9 月 7 日为分界点，从 9 月 7 日往前抵消，则只有 9 月 1 日的 500 个预测需求被抵消掉，9 月 7 日以后的预测需求被保留，此时需求为 9 月 7 日需要 1200 个，9 月 11 日、9 月 21 日分别需要 500 个。若使用"正向抵消"的方法，则 9 月 1 日的预测需求被保留，9 月 11 日、9 月 21 日的两张预测订单被抵消，此时需求为 9 月 1 日需要 500 个，9 月 7 日需要 1200 个。若选择"先反向再正向"的抵消方法，则 9 月 1 日的 500 个预测需求被抵消，余 700 个(1200－500)，再抵消后面 9 月 11 日和 9 月 21 日的预测需求，9 月 21 日还剩余 300 个(500＋500－700)，此时需求为 9 月 7 日需要 1200 个，9 月 21 日需要 300 个。若选择"先正向再反向"的抵消方法，则 9 月 11 日和 9 月 21 日的共 1000 个预测需求被抵消，余 200 个(1200－500－500)，再抵消前面预测订单，9 月 1 日还剩余 300 个(500－200)，此时需求为 9 月 1 日需要 300 个，9 月 7 日需要 1200 个。

在有时栅的情况下，若第一时段为 15 天，第二时段不限制，如果按照"先反向再正向"的抵消方法，则需求数据情况如下：在 9 月 1 日至 9 月 15 日的时段内，有 9 月 1 日、9 月 11 日两张预测订单和 9 月 7 日的一张客户订单，按照抵消要求，在 9 月 7 日前面的订单将被抵消,即9月1日的500个预测需求被抵消,余700个(1200－500),再抵消后面9月11日的预测需求500个,此时,这一时段的预测值全部被抵消(因为700＞500),不再考虑预测值,则此时最终的需求量为9月7日需要1200个,9月21日需要500个(属于第二时段)。

(2)"时格"是一种时间区段的划分方式,供查看物料可承诺量、MPS和MRP供需资料、工作中心资源产能及负载资料,以及设定资源需求计划和重复计划期间时使用。时格时间段包括:天、周、旬、月、季、年。不同的物料可依照不同版本时格的时段设置计算和查询可承诺量及可用量、产能需求计算及产能问题检核等,反映系统以何种时间区段提供信息。

例如表3-3所示,若当前系统时间为2019.09.06,则代号0001的时格设置的时间范围为9.6～9.8(周)、9.9～9.15(周)、9.16～9.26(月)、9.27～10.26(月)。

表3-3 时格(0001)资料

行 号	类 别	期 间 数	起 始 位 置
1	周	1	星期一
2	周	1	星期一
3	月	1	27日
4	月	1	27日

(3)"计划期间起始日期"是指MPS和MRP开始做计划的时间。可以按照时格代号划分重复制造计划期间的起始日期。默认"当前期间起始日期"可改,也可不输入。输入日期不可大于系统日期及当前期间起始日期。MPS展开时,系统以该日期为起点,并按重复计划时格代号所对应的时段和顺序,将该日期至MPS及MRP展开工作日历限度(当年往后两年、往前一年)为截止日期,正向和反向分别划分为若干重复计划期间,若时格中定义的各时段总日期长度不足,则不足部分以时格代号最后一个时段再设置若干计划期间。

(4)"截止日期"是设定参与MPS和MRP运算的客户订单及产品预测订单资料的预计完工日期的截止日期,本栏必输入且不可小于系统日期。客户订单以预定完工日期为准,预测订单则以均化后各期间的起始日期为准。在截止日期之后的客户订单或预测订单,不列入本次计划的范围;均化后预测订单的需求日期若小于系统日期,也不视为计划对象。

(5)"提前期"是指执行某项任务由开始到完成所消耗的时间。根据物料属性不同,可以有采购提前期、制造提前期、委外提前期等。由于供应批量或能力变化,或作业进度安排上的问题,提前期会发生改变。物料的提前期等于其固定提前期加变动提前期(随供应数量和变动基数而变)之和。

按照物料工艺路线,累计提前期是采购、加工、装配提前期的总称,是按照物料工艺路线计算而得,如图3-17所示。计算累计提前期时,只考虑物料的主要物料清单,不考虑替代清单,母件不考虑其虚拟子件的固定提前期,不计算其产出品提前期。建议在每次展开MPS和MRP之前,先执行"累计提前天数推算"。"最长累计提前天数"是指按照物料工艺路线计算的 MPS 和 MRP 物料中最长的累计提前期天数,截止天数应不小于最长累计提前天数,否则物料需求计划中某些物料的供应计划将会"逾期"(来不及供应)。该值由"MPS 计划前稽核作业"中的"累计提前期天数推算"命令自动计算而得,在"MPS 计划参数维护界面"中显示可见(此处仅是固定提前期的总和)。该计算实际上是对"存货档案/计划"中的累计提前期数据项的计算,在存货档案中可见该数值。总提前期是指从取得原材料开始到完成制造该料品所需要的时间,实际上是指计划提前期、采购提前期、加工提前期、装配提前期的总和。

图 3-17 料品提前期计算

(6) 在 MPS 和 MRP 系统中,按照先完工先规划的原则,根据 BOM 结构,结合现有库存状况等资料,统筹计算物料的净需求量。净需求量＝毛需求量＋在单量－预约量－现有库存量。这些数据同在一个时间段内。

① 毛需求:料品的独立需求(订单需求)或相关需求。相关需求是由独立需求根据 BOM 结构推算出来的派生的需求。

② 在单量(在途量):已计划好将来要有的,但目前尚未真正拥有的数量。即根据正在执行中的采购订单或生产订单,在未来某个时段内物料将要入库或将要完成的数量。

- 采购件:已下采购订单而供应商尚未交货(验收入库)的数量。
- 自制成品、半成品:已下生产订单而制造车间尚未完工入库的数量。
- 委外件:已下达委外订单而委外商尚未交货(验收入库)的数量。

③ 预约量:将来要发生而现在还没有发生的需求量。即尚保存在仓库中但已被分配掉的物料数量。

- 采购件:已发生产订单或委外订单,要领用而车间或委外商尚未领料的数量。
- 成品:已接到客户订单而尚未交货的数量。
- 自制半成品:已发生产订单或委外订单,要领用而车间或委外商尚未领料的数量。
- 委外件:已发生产订单或委外订单,要领用而车间或委外商尚未领料的数量。

④ 安全库存量:为了预防需求或供应方面的不可预测的波动,在仓库中经常应保持最低库存数量作为安全库存量。不参加 MPS 和 MRP 的运算。

⑤ 供应(订购或生产)倍数：在某个时段内向供应商订购或要求生产部门生产某种物料的数量。例如，制造倍数为 30，表示生产线一批生产的量为 30，即使实际料品净需求为 1，也要规划供应生产 30 个。

⑥ 现有库存量：是指在企业仓库中实际存放的物料(成品、半成品、采购件)的现有库存数量。

⑦ 现存可用量＝现有库存量－预约量。

⑧ 可用量(可承诺量)＝现存可用量＋在单量＝现存量－预约量＋在单量。

(7) 供需政策指的是规划生成供应令单(采购订单、生产订单)的方式。有 PE 和 LP 两种供需政策。

① PE(period)称为期间供应法，即按一定期间，将该设定期间内的净需求一次供应，即一起生成一张规划令单。此方式可增加供应批量，减少供应次数。但需求来源(如销售订单)变化太大时，将造成库存太多、情况不明的现象。若供需政策采用 PE，则在"供应期间"栏位，需另输入天数，其在存货档案中设置。

② LP(Lot Pegging)称为批量供应法，即按各时间的净需求，分别各自供应。所有净需求都不合并，各自生成规划令单。此方式可使供需对应关系明晰，库存较低，但供应批量可能偏低，达不到经济规模。若供需政策选用 LP，则"令单合并"栏位必须输入(或选择或不选择)，其在存货档案中设置。

③ 令单合并是指按照所设定时格的要求，将相同物料的供应令单进行合并。

例如：如表 3-4 所示，料品 A，当 MPS 或 MRP 展开时的净需求有三笔，4 月 1 日需求 100 件，4 月 10 日需求 200 件，4 月 20 日需求 150 件。若该料品为自制件，供应固定提前期为 40 天(不计假日时，依系统工作日历的工作日，推算令单的到期日)，则选择同一销售订单的各个净需求，是否予以合并。若供需政策选用 LP，则"令单合并"栏位必须选择或不选择。

表 3-4 供应政策说明——料品 A

供应政策	设定内容	MPS 或 MRP 展开后，规划生产订单
PE	供应期间为 30 天	只有一张生产订单，即 4 月 1 日应完成 450 件
LP	无	三张生产订单： 4/01 应完成 100 件 4/10 应完成 200 件 4/20 应完成 150 件

例如：有两种产品 A 和 F，其产品结构如图 3-18 所示(括号内为全部提前期)。销售订单 001 订购 A 料品，销售订单 002 订购 F 料品，在 B 料品、C 料品、E 料品的不同提前期之下，B 料品会有 4 个不同需求日期，假设如下。

- 7 月 20 日需要 100 件(销售订单 001)。
- 7 月 15 日需要 150 件(销售订单 001)。
- 7 月 12 日需要 80 件(销售订单 002)。

- 7月8日需要200件(销售订单002)。

若B料品的供需政策为LP,并选择"令单合并",则上述四项需求合并成为两项:7月8日需要280件(200+80);7月15日需要250件(150+100)。

若B料品的供需政策为LP,而不选"令单合并",则上述四项需求维持不变。

若B料品的供需政策为PE,而"供应期间"为10天,则上述四项需求合并成为两项:7月8日需要430件(200+80+150);7月20日需要100件。

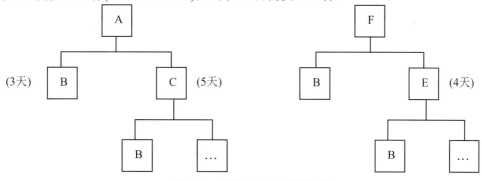

图3-18 产品A和F的结构图

若B料品的供需政策为PE,而"供应期间"为5天,则上述四项需求合并成为三项:7月8日需要280件(200+80);7月15日需要150件;7月20日需要100件。

综上所述,供需政策为LP,是依销售订单供应;而选PE,则不依销售订单供应,完全以需求日期和供应日期作为供应(生产订单、委外、采购)依据。在LP政策下,各销售订单的各自供应数量不合并运用,只有PE政策才需合并运用。

(8) MPS和MRP的规划结果中的"状态"是指供应订单的状态,供进行例外管理使用。系统提供以下7种状态。

- 逾期:计划订单的审核日期小于系统日期或锁定和审核的供应订单的供应日期小于系统日期。
- 冲突:计划生产订单的审核日期介于系统日期与冻结日期之间。
- 提前:锁定和审核的供应订单,系统建议其计划供应日期提前。
- 取消:因为需求减少,锁定和审核的供应订单应取消。
- 延后:锁定和审核的供应订单,系统建议其计划供应日期延后。
- 减少:因需求减少,锁定和审核的供应订单的计划数量应减少。
- 审核日期:计划订单的审核日期等于系统日期。

3.4 补充实验一 销售预订单处理

本实验针对以下的情况展开:假如企业根据以前客户需求已经完成了企业主生产计划和物料需求计划的编制,并制定了采购订单、生产订单和委外订单,企业正常的生产经营活动正在开展过程之中。

企业在生产活动进行过程中,经常遇到新的客户购买意向,此时,企业销售人员需要了解企业某时间段满足需求的能力，因此，需要企业能够提供某时间段料品的可承诺量数据，以便与客户商议出稳妥的供货协议。本版软件通过销售预订单的方式进行售前分析和 ATP 模拟推算，以得到可承诺量数据。

销售预订单是指非正式的、客户有意向的销售订单，用于计划人员判断企业是否能满足此订单(即此订单是否能插入当前生产过程中进行加工生产)的需要。计划人员可以对销售预订单进行 ATP 交期模拟，求出模拟结果，如果认为订单可以满足，则审批预订单，并在销售管理系统中根据预订单生成正式的销售订单，然后，进一步制订计划进行生产。

下述实验操作方法，可用于单独模块练习，也可以与其他模块结合使用。

【实验目的】

理解销售预订单的作用，掌握多阶 ATP 模拟计算和供需分析的操作。

【实验要求】

以操作员身份进入系统进行操作。

【实验资料】

1. 实验数据准备

(1) 修改系统时间为"2019-09-09"。
(2) 引入源文件"实验数据"文件夹中的"补充实验一数据准备"数据账套。

2. 实验资料

(1) 已有采购订单计划，如图 3-19 所示。

图 3-19　已有采购订单计划

(2) 已有委外订单计划，如图 3-20 所示。

图 3-20　已有委外订单计划

(3) 已有生产订单计划，如图 3-21 所示。

图 3-21　已有生产订单计划

(4) 在"基础档案/存货/存货档案/其他"中，对电子挂钟存货选择"售前 ATP 方案"。

(5) 按照北京西单商场的购买意向输入一张销售预订单：购买电子挂钟 300 个，期望需求日期为 2019-09-20，可接受完工日期为 2019-09-27。

(6) 做售前分析的 ATP 模拟运算。

(7) 对电子挂钟进行多阶 ATP 模拟计算和供需分析。

(8) 审批销售预订单。

(9) 参照销售预订单生成销售订单，含税单价为 100 元，并审核。

(10) 做第二张销售预订单：北京西单商场预购电子挂钟 150 个，期望 2019-09-12 交货。

(11) 对第二张销售预订单做售前 ATP 模拟运算。

(12) 对第二张销售预订单做多阶 ATP 模拟计算和供需分析。

【操作指导】

1. 设置电子挂钟存货的"售前 ATP 方案"

岗位：销售部门/业务员

菜单路径：基础设置/基础档案/存货/存货档案

在"电子挂钟存货档案"窗口中，对"其他"选项卡中的"检查售前 ATP"进行选择，如图 3-22 所示。

图 3-22 对电子挂钟存货设置售前 ATP 方案

2. 手工输入销售预订单

岗位：销售部门/业务员

菜单路径：业务工作/供应链/销售管理/销售预订单/销售预订单

在"销售预订单"窗口中，单击工具栏上的"增加"按钮，输入的订单日期为期望需求时间，在表体中输入电子挂钟的数量，单击"保存"按钮，再单击"审核"按钮，完成录入工作，如图 3-23 所示。销售预订单中可以满足的完工日期，可以通过多阶 ATP 模拟计算求出来。

 注意：

在输入销售预订单之前，需要事先做好以下几项准备工作。

- ◆ 在"基本信息/系统启用"中，检查"售前分析"模块是否被启用。
- ◆ 在"基础档案/业务/ATP 模拟方案定义"中设置 ATP 模拟方案，如图 3-24 所示。

图 3-23 录入销售预订单

图 3-24 ATP 模拟方案设置

- 在"基础档案/存货/存货档案/其他"中,对电子挂钟存货选择"检查售前 ATP",以便在售前分析时可以依此进行 ATP 模拟运算。
- 在"基础档案/生产制造/制造 ATP 规则维护"中,按照企业特定需要,设置相应规则,可以使用不同规则来计算不同物料的 ATP 数量,系统每次执行 ATP 检查时,这些规则是匹配物料的供应和需求的依据,如图 3-25 所示。

图 3-25 制造 ATP 规则维护

3. 做售前分析的 ATP 模拟运算

岗位：销售部门/业务员

菜单路径：业务工作/供应链/售前分析/ATP 模拟/ATP 模拟运算

在"ATP 模拟运算"窗口中，单击"增加"按钮，依次输入表头信息。模拟日期为当前系统时间推后一天，展望期输入 20 天(默认 7 天)。模拟方案号为 001，存货编码为 10000。单击"运算"按钮，在表体中显示出模拟运算的结果，提供 20 天内不同的 ATP 可用数量。在 9 月 20 日的预计占用量手工录入 300 个，观察 ATP 模拟数量的变化，以便销售人员了解最终确定的客户订单是否可以被满足，如图 3-26 所示。

图 3-26 ATP 模拟运算

模拟结果资料分析如下：

电子挂钟期初现存量为 50 个，在 9 月 20 日有一个预订单，需求 300 个，ATP 可用量数据显示为-290，现有库存不能满足该客户的要求，但是，由于 300 个电子挂钟的生产完工时间约 10 天，因此，此订单可以通过做计划来进行生产，以满足该客户的需要。

4. 多阶 ATP 模拟计算和供需分析

岗位：销售部门/业务员

菜单路径：业务工作/供应链/销售管理/销售预订单/销售预订单

(1) 进入第一张销售预订单的界面，如图 3-27 所示，单击"弃审"按钮将单据弃审，右击表体中电子挂钟记录行，执行快捷菜单中的"多阶 ATP 模拟"命令。

图 3-27　多阶 ATP 模拟计算

注意：

启用 MRP 或 MPS 系统时，对于预订单可以进行多阶 ATP 模拟和供需平衡分析。已经经过多阶 ATP 模拟的记录行，在下次进行多阶 ATP 模拟时，仍可以选择此行进行多阶 ATP 模拟。预订单在以下状态下可进行多阶 ATP 模拟。

- ◆ 单据未审核。
- ◆ 对于是否订单中 BOM 为"是"的订单行且订单 BOM 选配完成为"是"。
- ◆ 对于 ATO 模型，要选配完成(客户 BOMID 不为空)。
- ◆ 预订单在进行多阶 ATP 模拟时，可以按记录行进行，对于符合条件的行可以进行 ATP 模拟。

预订单在审核时，需要判断所有的明细行是否都进行过多阶 ATP 模拟，如果有未进行过多阶 ATP 模拟的行，则提示用户是否继续，用户确认后，再审核单据。

预订单审核以后才允许进行关闭，关闭的预订单不再提供 ATP 模拟。

(2) 在"销售订单可承诺交期推算"对话框中,单击"查询"按钮,进入如图 3-28 所示的对话框中,单击"查询"按钮,下方列表中显示已存在的预订单,选择相应的预订单后,单击"添加"按钮,即回到"销售订单可承诺交期推算"结果对话框。

图 3-28 预订单的选择

(3) 在"销售订单可承诺交期推算"结果对话框中的"销售预订单"选项卡中列出该预订单的内容,如图 3-29 所示。单击"计算"按钮,进入"销售订单可承诺交期推算"对话框。

图 3-29 销售订单可承诺交期的推算

(4) 在如图 3-30 所示的"销售订单可承诺交期推算"窗口中,BOM 基准日期设为

2019-09-06，选中"自动更新预订单交期"和"采购计划满足"选项，单击"计算"按钮，完成最晚交货日期、可承诺数量、交货日期、交货数量的推算，交期推算结果如图3-31所示。若修改了参数，则需要单击"计算"按钮重新推算。由结果资料显示，在交货期2019年9月20日可承诺的数量为300个，说明企业能够满足该预订单的需要，能够在交货期内生产完工，则此时可以对该销售预订单进行审核，然后生成正式的销售订单。若不能满足，则不对预订单进行审核，不生成销售订单。

图3-30　设置销售订单可承诺交期推算参数

图3-31　销售订单可承诺交期推算结果

（5）单击"供需分析"按钮，打开"查询条件选择"对话框，如图3-32所示，经"查询条件选择"对话框的条件过滤后，显示供需平衡分析结果的窗口，如图3-33所示。

图 3-32 查询条件选择

图 3-33 电子挂钟供需平衡分析结果

如图 3-33 所示,对电子挂钟供需平衡资料分析如下。
- 在所选定的时格范围内进行供需平衡分析,目的是查看为了满足预订单的交货而产生的模拟计划和模拟计划的子件供需情况。
- 在窗口左侧树状列表中显示物料的 BOM 结构,单击某一物料,窗口右边显示该物料各时格的供需资料。单击各时格中的数字,则在下方列表中显示该时格的供需明细资料。其中,订单类型为"审核生产订单",是指生产订单已经执行并审核;订单类型为"规划供应",是指已进行生产计划,但是尚未执行该生产计划。

- 电子挂钟期初现存量为 50 个，在 9 月 15 日前的时格中因没有任何需求，其结存量也是 50 个。9 月 20 日和 26 日将有 100 个和 400 个两笔订单，因此，在 9 月 16 日至 9 月 22 日时格内，需求量显示 100 个，在 9 月 23 日至 9 月 26 日时格内，需求量显示 400 个，而实际生产计划供应量为 450 个(9 月 20 日供应 60 个，9 月 26 日供应 390 个)。按照预订单 9 月 20 日需要 300 个数量进行模拟时，模拟需求量为 300 个，模拟供应量为 190 个(总共 300 个，扣除 50 个现存量，扣除 9 月 20 日前的 60 个实际供应量)，若要插入这张预订单，因现存量已被实际订单计划计算在内了，则导致结存量为负数，说明模拟供应不足。因此，此张预订单需要自行做计划进行生产。

- 由于上述模拟的结果，导致一些子件的供应也出现了负数。例如字模，期初现存量为 300 个，按照 BOM 结构，在 9 月 16 日到 9 月 22 日期间，字模的需求量为 1800 个，扣除库存现存量 300 个，字模的供应量为 1500 个，为了满足 300 个电子挂钟的预订单需求，9 月 9 日到 9 月 15 日，字模的模拟需求量为 760 个，模拟供应量是 700 个，表明在此期间，只要模拟供应 700 个即可满足模拟需求 760 个的需要。这对实际客户订单来说，所计划的供应量与需求量是不平衡的，结存量为负 60，表明字模的供应不足，缺料 60 个，这将导致正在进行的生产环节的字模缺料。所以，此预订单是不能够插单的，除非自行计划来生产，否则将影响正常的生产活动，如图 3-34 所示。

图 3-34　字模供需平衡分析结果

- 再例如薄膜，期初现存量有 1000 米，按照 BOM 结构，在 9 月 9 日至 9 月 15 日期间，薄膜的模拟需求量为 35 米，由于库存量大于需求量，因此，无须模拟供应，在此时格内，库存结存量为 965 米。在 9 月 16 日至 22 日期间，客户订单计划需求量为 75 米，而 965 米库存结存量完全可以满足其需要，无须订购，在此时格内结存量还余 890 米，如图 3-35 所示。

图 3-35　薄膜供需平衡分析结果

5. 审批销售预订单

岗位：销售部门/业务员

菜单路径：业务工作/供应链/销售管理/销售订货/销售预订单

经过售前的 ATP 模拟分析，如果企业可以对该预订单进行安排生产，则可以进入预订单审批程序进行审核，审核过的预订单可以用来生成销售订单。在"销售预订单"窗口中，单击"审核"按钮，完成审批工作。若企业不能满足该订单，则无须审核，不必生成销售订单。

6. 参照销售预订单生成销售订单并审核

岗位：销售部门/业务员、销售主管

菜单路径：业务工作/供应链/销售管理/销售订货/销售订单

(1) 在"销售订单"窗口中，单击工具栏上的"增加"按钮，生成一张新的销售订单。单击工具栏上"生单"按钮中的"预订单"选项，弹出"查询条件选择"窗口，输入预订单的开始与截止日期，单击"确定"按钮，进入"参照生单"窗口。

(2) 在"选择单据"窗口(如图 3-36 所示)的上方列表中选择客户预订单记录行，双击"选择"栏使之变为"Y"，再在下方的列表中选择电子挂钟记录行，单击"确定"按钮，返回"销售订单"窗口。

(3) 在"销售订单"窗口中，修改订单预发货与预完工日期为完工日期(如 2019-09-26)，输入含税单价和预发货日期后，单击"保存"按钮即完成参照预订单生成销售订单的工作。

(4) 若要对这张销售订单进行生产，则在此要单击"审核"按钮，完成审核工作。

图 3-36 选择预订单参照生单

> **注意：**
> - 在本书的实验中，将不对这张销售订单进行生产，所以，对该销售订单不做审核处理，因此，MPS 和 MRP 也不对其做规划处理。
> - 如果要对这张销售订单进行生产，则要对它进行审核，然后，重新运行 MPS 和 MRP 生成，为这张销售订单做供需规划。若资源能力能够满足，以后就可以进行采购、生产、委外业务的活动，最终完成产品的生产。此时，将会是两个计划同时执行。

7. 录入第二张销售预订单

岗位：销售部门/业务员

菜单路径：业务工作/供应链/销售管理/销售订货/销售预订单

在"销售预订单"窗口中，单击工具栏上的"增加"按钮。输入的订单日期为"2019-09-12"，在表体中输入数量为 150 个，单击"保存"按钮，完成录入工作，如图 3-37 所示。

图 3-37 录入第二张销售预订单

8. 对第二张销售预订单做售前 ATP 模拟运算

岗位：销售部门/业务员

菜单路径：业务工作/供应链/售前分析/ATP 模拟/ATP 模拟运算

在"ATP 模拟运算"窗口中，单击"增加"按钮，依次输入表头信息。模拟日期为当前系统时间推后一天，展望期输入 20。单击"运算"按钮，在表体中显示出模拟运算的结果，提供 20 天内不同的 ATP 可用数量。手工录入 9 月 12 日预计占用量 150 个，观察 ATP 模拟数量的变化，最终确定是否可以满足客户需求，如图 3-38 所示。

图 3-38　对第二张销售预订单做售前 ATP 模拟运算

模拟结果资料分析如下。

在 9 月 12 日，有一位客户需求 150 个电子挂钟，但由于电子挂钟期初现存量只有 50 个，现有库存不能满足该客户的要求，又由于 150 个电子挂钟不能够在 9 月 12 日之前生产完成，无法在 9 月 12 日交货，因此，此订单不可满足，该预订单不必审核，说明这项交易无法达成。

9. 对第二张销售预订单做多阶 ATP 模拟计算和供需分析

岗位：销售部门/业务员

菜单路径：业务工作/供应链/销售管理/销售订货/销售预订单

(1) 重新生成 MPS、MRP 计划。

(2) 打开此张"销售预订单"，右击表体中某行存货，执行菜单中的"多阶 ATP 模拟"命令。

(3) 进入"销售订单可承诺交期推算"对话框，单击"查询"按钮，进入如图 3-39 所示的对话框，单击"查询"按钮，下方列表中显示预订单列表，选择相应的预订单后，单击"添加"按钮，回到"销售订单可承诺交期推算"对话框。

图 3-39 预订单选择

(4) 在"销售订单可承诺交期推算"对话框中的"销售预订单"选项卡中列示出该预订单的内容,单击"计算"按钮,进入"销售订单可承诺交期推算"参数设置对话框,如图 3-40 所示。

图 3-40 交期推算参数设置

(5) 在"销售订单可承诺交期推算"的参数设置对话框中单击"计算"按钮,完成最晚交货日期、可承诺数量、交货日期、交货数量的推算,并显示交期推算结果,如图 3-41 所示。由结果显示,在 2019 年 9 月 12 日只能交货 50 个,最晚交货期 2019 年 9 月 20 日可承诺数量为 100 个,表明目前企业不能够满足此张预订单的生产。若要修改参数,可单击"计算"按钮重新推算。

图 3-41 可承诺交期推算结果

(6) 单击"供需分析"按钮，选择窗口的条件查询后，显示供需平衡分析结果，如图 3-42 所示。

图 3-42 供需平衡分析结果

供需平衡分析结果如下。

- 按所选时格版本，进行供需平衡分析，目的是查看为了满足预订单的交货而产生的模拟计划和模拟计划的子件供需情况。
- 在图 3-42 的窗口左侧树状列表中显示物料的 BOM 结构，单击某一物料，窗口右边显示该物料各时格的供需资料。单击各时格中的数字，则在下方列表中显示该时格的供需明细资料。
- 由图 3-42 可见，重新规划 MPS 之后，在 9 月 9 日前的时格中因没有任何需求，其结存量是 50 个。在 9 月 9 日至 9 月 15 日时格内，9 月 12 日有模拟需求量 50 个，电子挂钟结存量为 50 个，恰好与本期需求量相抵，所以本时格内结存量为零。

在 9 月 16 日至 9 月 22 日时格内的客户订单计划需求量为 100 个,此时格内,供应量是 60 个,9 月 16 日有模拟需求量为 100 个,模拟供应量为 40 个,所以结存量为-100 个,即缺少 100 个,原来的客户订单无法正常生产,因此,在 9 月 19 日至 9 月 27 日的时格内无法达成这张预订单的交易,不能签订销售合同,也不必审核这张预订单。

3.5 补充实验二 需求预测订单的处理

在主生产计划和物料需求规划运算过程中所考虑的需求资料来源于两个方面:一个是客户销售订单的需求数据,另一个是企业自身预测的需求数据。两类数据可以同时存在,也可以只有其中之一。客户销售订单的需求数据由销售管理模块录入,预测需求的数据在"主生产计划"模块和"需求规划"模块中的"需求来源资料维护"模块中进行输入和处理。客户销售订单的需求量数据和预测需求量数据两者之间存在抵消关系,通过抵消方法的运算即可得到某段时间内的需求量数据,然而,如何取得需求量数据的计算方法要由时栅资料所设定的抵消方法来决定(参见表 3-1 中时栅设置的内容)。

"需求来源资料维护"模块也是 MPS 或 MRP 运算的基础。若要考虑需求预测资料,在执行"MPS 计划生成"或"MRP 计划生成"之前,需先运行"需求来源资料维护"中的"产品预测订单输入"命令,单击"增加"按钮,即可输入产品预测订单。新增的预测订单,在保存后,系统默认为"审核"状态,"审核"状态的预测需求数据将参与 MPS 和 MRP 运算。订单被关闭后状态显示为"关闭",关闭状态的预测订单将不再参与 MPS 和 MRP 计算。

预测版本是用来说明 MPS 和 MRP 运算时所使用的产品需求预测资料的来源。在进行"产品预测资料输入"时,会使用此版本。

本实验主要学习销售预测需求的数据录入和均化处理。"均化"是指将预测需求的数据在不同时段进行平均分摊。均化类型分为不均化、日均化、周均化、月均化、时格均化五种,默认为"不均化"。预测订单输入完成保存时,系统即自动按每行的"均化类型"执行分摊处理。

【实验目的】

理解销售预测订单的作用,掌握销售预测订单的录入和均化处理。

【实验要求】

以操作员身份进入系统进行操作。

【实验资料】

1. 实验数据

(1) 修改系统时间为"2019-09-12"。

(2) 引入源文件"实验数据"文件夹中的"补充实验二数据准备"数据账套。

2. 实验资料

输入一张产品预测订单：料品为电子挂钟，预测需求起始日期为2019年9月16日，结束日期为2019年10月18日，预测需求数量1000个。

【操作指导】

1. 输入产品预测订单

岗位：销售部门/业务员

菜单路径：业务工作/生产制造/主生产计划/需求来源资料维护/产品预测订单输入

在输入产品预测订单之前，先对MPS和MRP参数进行设置，并且必须选择预测版本代号，将截止日期设为10月30日，表示可以对当前系统时间9月12日至10月30日期间的所有订单做规划处理。

执行"产品预测订单输入"功能，如图3-43所示，单击"增加"按钮，在表头中输入"均化取整"方法和所使用的"均化类型"，在表体中输入料品电子挂钟的起始日期和结束日期等资料后，单击"保存"按钮即可生成一张产品预测订单。

图3-43 录入产品预测订单

第 3 章 排程业务

> **注意：**
> - **单据日期**：默认系统日期，可改。由于在之后的产能管理中计算资源需求和查询资源需求状况时，以周为单位进行资源需求规划，所以假设本企业在 9 月 12 日(周四)有一张产品预测订单。
> - **单据类别**：选择预测订单预测对象是 MPS 件或 MRP 件。默认为 MPS，可修改。
> - **均化类型**：可选择"不均化/日均化/周均化/月均化/时格均化"之一，作为表体资料新增时的默认值。
> - **均化取整**：可选择"不取整/取上整/取下整"之一，作为表体资料新增时的默认值。
> - **起始/结束日期**：可不输入。若输入，则作为表体资料新增时的默认值，"起始日期"不可大于"结束日期"。

2. 产品预测订单需求量的分摊计算

岗位：销售部门/业务员

菜单路径：业务工作/生产制造/主生产计划/需求来源资料维护/产品预测订单整批处理

执行"产品预测订单整批处理"功能，在"查询条件选择"窗口中选择单据类别、预测版本代号，状态选择"审核"，单击"确定"按钮，进入"产品预测订单整批处理"界面。在表体中选择某记录行，单击"重展"按钮，再单击"确定"按钮，则对该预测订单整批重新进行预测数据的分摊计算，操作如图 3-44 所示。

图 3-44　产品预测订单整批处理

3. 产品预测需求数量的均化处理

(1) 若产品预测订单录入时,"均化类型"选择"不均化",则不进行分摊计算,表示只在 2019 年 9 月 16 日预测数量为 1000 个。分摊结果可以通过查询产品预测订单明细表(业务工作/生产制造/主生产计划/需求来源资料维护/产品预测订单明细表)得到,如图 3-45 所示。

图 3-45 产品预测订单明细表(MPS)—不均化

(2) 若产品预测订单选择"周均化",则此料品的预测需求将按周为单位平均分配,以每周第一天为需求日期。因为预测需求的时间为 9 月 16 日至 10 月 18 日,此期间包含 5 周,按照平均每日分摊量计算每周的需求数量,因此,9 月 16 日预测数量 250、9 月 23 日预测数量 250、9 月 30 日预测数量 50、10 月 8 日预测数量 200、10 月 14 日预测数量 250,共 5 笔。计算方法是依据此期间系统工作日历天数(20 天)去除总需求预测数量(1000)得到每天的需求量,然后乘以周工作天数,取整后得到本周的需求预测数量,剩余天数的量置于最后一周,周均化的分摊结果可以通过查询产品预测订单明细表得到,如图 3-46 所示。

图 3-46 产品预测订单明细表(MPS)—周均化

(3) 若产品预测订单选择"月均化",则此料品的预测需求将按月为单位进行分配,以每月的开始日期为需求日期,即为 9 月 16 日预测数量 550、10 月 8 日预测数量 450,共 2 笔。计算方法是按照总需求预测数量 1000 除以预测起止日期内系统工作日历天数(20 天)

得到每天的需求量，然后乘以月工作天数，取整后得到每月的需求预测数量，剩余天数的量置于最后一个月，月均化的分摊结果可以通过查询产品预测订单明细表得到，如图 3-47 所示。

图 3-47　产品预测订单明细表(MPS)—月均化

(4) 若产品预测订单的"均化类型"选择"时格均化"，则此料品的预测需求将按所选时格代号进行分配，以每个时格的第一天为需求日期。本实验的时格为"周周月月"的分段方式，由于这张预测订单的起始日期为 2019 年 9 月 16 日，结束日期为 2019 年 10 月 18 日，因此，要在这个时间范围内进行时格划分。第一段时格为 2019 年 9 月 16 日至 2019 年 9 月 22 日，2019 年 9 月 16 日的预测需求为 250 个；第二段时格为 2019 年 9 月 23 日至 2019 年 9 月 29 日，2019 年 9 月 23 日的预测需求为 250 个；第三段时格为 2019 年 9 月 30 日至 2019 年 10 月 18 日，2019 年 9 月 30 日的预测需求为 500 个。计算方法是按照总需求预测数量 1000 除以预测起止日期内系统工作日历天数(20 天)即得到每天的需求量，然后乘以每段时格内的工作天数，取整后得到每段时格的需求预测数量，剩余天数的量置于最后一段时格，时格均化的分摊结果可以通过查询产品预测订单明细表得到，如图 3-48 所示。

图 3-48　产品预测订单明细表(MPS)—时格均化

> **注意：**
> - 均化处理的时间范围由产品预测订单中的起始日期和结束日期的期间决定。
> - 每日需求量是指该期间的系统工作日历上的每个工作日的需求量。
> - 本教材时格中的"月"设置以 27 日为节点。

4. MPS 规划所提取的需求数据分析

MPS 规划所提取的需求数据包括预测需求数量和客户订单数量，根据需求时栅资料所设定的抵消方法，最终计算确定不同时段所提取的需求数据。

依据本实验所使用的需求时栅资料，自系统日期开始，前 10 天内(9.12~9.21)为第一时段，需求来源由客户订单决定；后 20 天内(9.22~10.11)为第二时段，需求来源由客户订单和预测订单共同决定，用"反向抵消"的方法取需求数据；第三时段是指后 40 天，但实际上截止到预测订单结束时间 10 月 18 日，共 7 天(10.12~10.26)作为第三时段，需求来源由客户订单和预测订单共同决定，用"先反向再正向抵消"的方法取得需求数据。

MPS 和 MRP 规划的供需数量是由 BOM 结构和物料的净需求决定的(净需求量＝毛需求量－现有库存量＋安全库存量)；规划的供需时间是由 BOM 结构和物料的提前期决定的；此外，还要考虑供应批量、在单量和预约量等因素。

(1) 若产品预测订单选择"不均化"，审核销售预测订单之后，生成的 MPS/MRP 计划，则只有 2019 年 9 月 16 日需求数量为 1000 个的预测订单参与规划，如图 3-45 所示。

MPS 规划所提取的需求数据分析：第一时段有 9 月 16 日的预测需求 1000 个，有客户销售订单需求 100 个，根据需求时栅资料的要求，此段只取客户订单，该段的预测需求不予考虑，因此，此段需求订单为 9 月 20 日需求数量 100 个；第二时段没有预测订单，只有 9 月 26 日需求 400 个的客户销售订单，使用"反向抵消"方法，无须抵消，因此，需求数据仍然是客户销售订单的数量，9 月 26 日需求 400 个。

MPS 规划的结果分析如图 3-49 所示：9 月 20 日客户需要 100 个，减去电子挂钟的现存量 50 个，还需再生产 50 个，由于电子挂钟的制造批量为 30，因而，需规划供应 60 个，又由于生产 60 个电子挂钟的提前期为 2 天(固定 1 天+变动 1 天)，因此，规划 9 月 18 日开始组装，9 月 20 日需要完工 60 个，此时结存为 10 个；9 月 26 日有客户销售订单需求 400 个，扣除结存 10 个，还需生产 390 个，符合批量制造要求，其提前期为 3 天(固定 1 天+变动 2 天)，因此，规划 9 月 23 日开始组装，26 日完成生产 390 个，结存为 0。

(2) 若产品预测订单选择"周均化"，审核销售预测订单之后，重新生成 MPS/MRP 的供需计划，则此料品的预测需求将按周平均分配，如图 3-46 所示。

图 3-49 MPS 规划的结果—不均化

MPS 规划所提取的需求数据分析：第一时段有 9 月 16 日预测需求 250 个，有一个客户销售订单 9 月 20 日需要 100 个，根据需求时栅的要求，此段只取客户订单的方法，因此，只需考虑 9 月 20 日客户需求 100 个；第二时段有 9 月 26 日需求 400 个的客户订单，还有 9 月 23 日需求 250 个、9 月 30 日需求 50 个、10 月 8 日需求 200 个的三笔预测销售订单，根据需求时栅的要求，采用"反向抵消"的方法，将 9 月 23 日的预测需求订单抵消，所以，剩余的订单需求为 9 月 26 日客户需求数量为 400 个，9 月 30 日预测需求 50 个和 10 月 8 日预测需求 200 个；第三时段只有 10 月 14 日需求 250 个的一张预测订单，没有客户订单，则无须抵消，需求数据由预测需求决定，因此，剩余订单为 10 月 14 日需求数量 250 个。

MPS 规划的结果分析如图 3-50 所示：

9 月 20 日客户销售订单需求 100 个，减去电子挂钟现存量 50 个，还需生产 50 个，由于电子挂钟制造批量为 30，因而，需规划供应 60 个，又由于生产 60 个电子挂钟提前期为 2 天(固定 1 天+变动 1 天)，因此，最终规划 9 月 18 日开始组装，20 日完工 60 个，比原有库存多 10 个，即结存 10 个；9 月 26 日客户销售订单需求 400 个，减去 20 日结存的 10 个，还需生产 390 个，正是制造批量 30 的倍数，由于生产 390 个电子挂钟提前期为 3 天(固定 1 天+变动 2 天)，扣除周六周日非工作日，因此，最终规划 9 月 23 日开始组装，26 日完工 390 个，此时，供需平衡，没有剩余；9 月 30 日预测需求 50 个，考虑到制造批量因素，则需生产 60 个，提前期为 2 天，扣除周六周日，因此，最终规划 9 月 26 日开始组装，30 日完成生产 60 个，此时满足 50 个需求后，结存 10 个；10 月 8 日预测需求 200 个，扣除结存 10 个，还需生产 190 个，考虑到制造批量为 30，则需生产 210 个，其提前期为 3 天(固定 1 天+变动 2 天)，扣除非工作日，则生产时间为 9 月 26 日、27 日、30 日，因此，最终规划 9 月 26 日开始组装，10 月 8 日完工 210 个，此时满足需求后结存 20

个；10月14日预测需求250个，减去结存量20个，还需生产230个，考虑到制造批量因素，则需生产240个，其提前期为3天(固定1天+变动2天)，扣除周六周日非工作日，生产时间为10月9日、10日、11日，因此，最终规划10月9日开始组装，14日即可完工240个，此时电子挂钟结存量为10个，即为这些订单执行完成后的电子挂钟结存量。

供需资料查询--明细(物料)

物料编码 10000　物料名称 电子挂钟　物料规格
物料属性 自制件　计量单位 个　固定提前期 1
供应期间类型 日　供应期间　时格代号
可用日期 第一需求日　供需策略 PE　重复计划 否
安全库存　切除尾数 否　令单合并
变动提前期 1　最高供应量　固定供应量
最低供应量　变动基数 200.00　替换日期
需求跟踪号　需求跟踪行号　视存量 50.00
供应倍数 30.00

	供需日期	审核日期	订单号码	订单行号	订单类态	供/需	订单原量	订单余量	结存量-1	建议调整量	结存量-2	替换标志	来源
1	2019-09-20	2019-09-18	GEN000000030		规划供应	供	60.00	60.00	110.00		110.00		
2	2019-09-20		0000000001	1	审核销售订单	需	100.00	100.00	10.00		10.00		
3	2019-09-26	2019-09-23	GEN000000032		规划供应	供	390.00	390.00	400.00		400.00		
4	2019-09-26		0000000002	1	审核销售订单	需	400.00	400.00	0.00		0.00		
5	2019-09-30	2019-09-26	GEN000000033		规划供应	供	60.00	60.00	60.00		60.00		
6	2019-09-30		0000000001	3	审核预测	需	50.00	50.00	10.00		10.00		
7	2019-10-08	2019-09-26	GEN000000034		规划供应	供	210.00	210.00	220.00		220.00		
8	2019-10-08		0000000001	4	审核预测	需	200.00	200.00	20.00		20.00		
9	2019-10-14	2019-10-09	GEN000000035		规划供应	供	240.00	240.00	260.00		260.00		
10	2019-10-14		0000000001	5	审核预测	需	250.00	250.00	10.00		10.00		

图3-50　MPS规划的结果—周均化

以钟盘为例分析MRP的规划结果如下。

依据物料清单的结构，钟盘(编号12000)的需求量是由电子挂钟的需求量派生而来的，称为配套量，钟盘的供应量就是配套量减去库存量的值，如图3-51所示。

供需资料查询--明细(物料)

物料编码 12000　物料名称 钟盘　物料规格
物料属性 自制件　计量单位 个　固定提前期 2
供应期间类型 日　供应期间　时格代号
可用日期 第一需求日　供需策略 PE　重复计划 否
安全库存　切除尾数 否　令单合并
变动提前期　最高供应量　固定供应量
最低供应量　变动基数　替换日期
需求跟踪号　需求跟踪行号　视存量
供应倍数

	供需日期	审核日期	订单号码	订单类态	供/需	订单原量	订单余量	结存量-1	结存量-2	替换标志	来源
1	2019-09-18	2019-09-16	GEN000000040	规划供应	供	60.00	60.00	60.00	60.00		
2	2019-09-18		GEN000000030	规划需求	需	60.00	60.00	0.00	0.00		
3	2019-09-23	2019-09-19	GEN000000041	规划供应	供	390.00	390.00	390.00	390.00		
4	2019-09-23		GEN000000032	规划需求	需	390.00	390.00	0.00	0.00		
5	2019-09-26	2019-09-24	GEN000000042	规划供应	供	270.00	270.00	270.00	270.00		
6	2019-09-26		GEN000000033	规划需求	需	60.00	60.00	210.00	210.00		
7	2019-09-26		GEN000000034	规划需求	需	210.00	210.00	0.00	0.00		
8	2019-10-09	2019-09-30	GEN000000043	规划供应	供	240.00	240.00	240.00	240.00		
9	2019-10-09		GEN000000035	规划需求	需	240.00	240.00	0.00	0.00		

图3-51　钟盘MRP规划结果—周均化

根据上述 MPS 规划结果可知，9 月 18 日、9 月 23 日、9 月 26 日、10 月 9 日要组装电子挂钟，则此时钟盘生产必须已经完工。因此，钟盘 MRP 规划的结果是：9 月 18 日需求钟盘 60 个，其现有库存为 0，因此，需要生产 60 个，其提前期为 2 天，则规划 9 月 16 日开工，9 月 18 日完工 60 个，结存为 0；9 月 23 日需求钟盘 390 个，因此，需要生产 390 个，提前期 2 天，扣除周六周日，则规划 9 月 19 日开工，9 月 23 日完工 390 个，结存为 0；9 月 26 日有钟盘 60 个、210 个两笔需求，可以合并供应，因此，需要生产 270 个，提前期 2 天，则规划 9 月 24 日开工，9 月 26 日完工 270 个，结存为 0；10 月 9 日需求钟盘 240 个，因此，需要生产 240 个，提前期 2 天，扣除非工作日，则规划 9 月 30 日开工，10 月 9 日完工 240 个。

其他物料的 MPS 和 MRP 的规划结果分析同理，都是在上一层物料的供需基础上，根据配套量由上而下逐层推算而得。

(3) 若销售预测订单选择"月均化"，审核销售预测订单之后，重新生成 MPS/MRP 计划，则此物料的预测需求将按月平均分配，如图 3-47 所示。

MPS 规划所提取的需求数据分析：第一时段有一张 9 月 20 日需求数量为 100 个的客户订单，还有一张 9 月 16 日需求 550 个的预测订单，根据需求时栅资料的要求，采用"取客户订单"的方法，所以，只考虑客户订单，9 月 20 日需求 100 个；第二时段有一张 9 月 26 日需求数量 400 个的客户销售订单，还有一笔 10 月 8 日需求 450 个的预测订单，根据需求时栅资料的要求，采用"反向抵消"的方法，此预测订单不会被抵消掉，则这两张订单均被选取，即 9 月 26 日客户需求 400 个，10 月 8 日预测需求 450 个；第三时段没有订单，没有需求量。

MPS 规划的结果分析(如图 3-52 所示)：客户销售订单 9 月 20 日需求 100 个，减去电子挂钟的现存量 50 个，还需生产 50 个，由于制造批量为 30，所以，需要生产 60 个，提前期为 2 天，因此，规划 9 月 18 日开始组装，20 日完成生产 60 个，比现有库存多 10 个，即此时结存为 10 个；9 月 26 日客户需求 400 个，扣除结存 10 个，还需生产 390 个，符合制造批量要求，其提前期为 3 天(固定 1 天+变动 2 天)，因此，规划 9 月 23 日开始组装，26 日完工 390 个，结存为 0；10 月 8 日预测需求 450 个，符合制造批量要求，其提前期为 4 天(固定 1 天+变动 3 天)，扣除非工作日，因此，规划 9 月 25 日开始组装，10 月 8 日完工 450 个，结存为 0 个。

以钟盘为例分析 MRP 的规划结果如下。

依据物料清单的结构，钟盘(编号 12000)的需求量是由电子挂钟的需求量派生而来的，称为配套量，钟盘的供应量就是配套量减去库存量的值，如图 3-53 所示。

根据上述 MPS 规划结果可知，9 月 18 日、9 月 23 日、9 月 25 日要组装电子挂钟，此时钟盘生产必须已经完工。因此，钟盘 MRP 规划的结果是：9 月 18 日需求钟盘 60 个，库存现存量为 0，因此，需要生产 60 个，其提前期 2 天，则规划 9 月 16 日开始生产 60 个，9 月 18 日完工，结存为 0；9 月 23 日需求钟盘 390 个，因结存为 0，所以，需要生产 390 个，符合批量制造要求，其提前期为 2 天，扣除周六周日，则规划 9 月 19 日开始生产 390 个，9 月 23 日完工，结存为 0；9 月 25 日需要钟盘 450 个，因结存为 0，所以需要生产 450 个，符合批量制造要求，其提前期为 2 天，则规划 9 月 23 日开始生产，9 月 25 日完工 450 个，结存为 0。

图 3-52　MPS 规划的结果—月均化

图 3-53　钟盘 MRP 规划结果—月均化

其他物料的 MPS 和 MRP 的规划结果分析同理，都是在上一层物料的供需基础上，根据配套量由上而下逐层推算而得。

【思考题】

(1) 解释各个物料的 MPS 和 MRP 规划建议结果中的供需数量和供需时间是如何计算的。

(2) MPS 和 MRP 与采购订单、委外订单、生产订单之间有何关系？

(3) 输入预测需求数据：9 月份预计销售电子挂钟 1000 个，做周均化处理；10 月份预计销售电子挂钟 1200 个，做不均化处理。试分析 MPS 与 MRP 运算后的供需资料结果。

(4) 售前 ATP 分析的作用是什么？

(5) 分析 MPS、MRP 与销售订单之间的关系。

第 4 章

产 能 管 理

4.1 业务概述

4.1.1 功能概述

"产能管理"从资源需求计划、粗能力需求计划和能力需求计划三个方面,对企业的工作中心和资源的产能与负载情况进行计算,以确保有足够的生产能力来满足企业的生产需求。它主要根据生产订单工序资料中各工序经过的工作中心和资源,以及各工序的开工时间和完工时间,计算生产订单所需的产能,然后对比该工作中心中该资源所能提供的产能及负载情况,进行产能检核,以便进行产能调整,保证生产活动顺利进行。

(1) 资源需求计划(Resource Requirements Planning,RRP)是一个针对中长期计划进行资源评估的工具。在建立长期的需求预测之后,运行主生产计划(MPS)之前,可依据长期的需求预测数据,来评估现有资源能否满足一个中长期计划的需要,以便及时调整现有设施、人员配备、设施资金预算等。

(2) 粗能力计划(Rough Cut Capacity Planning,RCCP)是将主生产计划转换为对工作中心关键资源的能力需求计划,用以验证有关工作中心的关键资源是否具有足够的可用产能来满足主生产计划的需求。在生成详细的 MRP 计划之前,最好根据工作中心关键资源使用 RCCP 验证主生产计划,以确保能够使用具有实际意义、切实可行的主生产计划来驱动 MRP 计划。由于 MPS 是企业所有作业计划的根源,制造、委外和采购三种活动的细部日程均是依据 MPS 的日程加以计算而得到的,同时 MPS 也是产销协调的依据,如果 MPS 日程不够稳定或可行性不高,则它将迫使所有的供应活动摇摆不定,而减低资源的利用效率。

(3) 能力需求计划(Capacity Requirements Planning，CRP)也称细能力需求计划，它是依据物料的生产订单及其工艺路线，将生产计划的需求与工作中心资源的可用能力相比较，以核实各工作中心是否具有足够的可用产能来满足所有 MRP 中生产计划的需求。

本实验主要应用"生产制造"系统中的"产能管理"模块，计算企业各工作中心及其资源在不同时段内的需求计划，了解各工作中心及其资源所能提供的产能及负载情况。

4.1.2 相关子系统功能模块之间的关系

产能管理与其他子系统之间的关系，如图 4-1 所示。

图 4-1 产能管理与其他子系统之间的关系

4.1.3 应用准备

在启用产能管理模块之前，必须已启用生产订单和车间管理模块。需要准备的基础资料包括如下四个方面。

(1) 在基础资料设置中建立公司工作日历、工作中心的资料、资源资料、标准工序资料、时格资料、物料工艺路线资料等。
(2) 建立产品物料清单。
(3) 生成 MPS 和 MRP 供需规划资料。
(4) 在基础设置中建立物料工艺路线资料。

4.2 系统业务流程

4.2.1 日常业务流程

产能管理日常业务流程，如图 4-2 所示。

图 4-2 产能管理日常业务流程

4.2.2 主要业务内容

1. 产能管理基本资料设置及生成资源清单

设置超载、低载等产能管理参数，并根据 MPS 自制件(含 MPS 计划品)物料的工艺路线资料生成资源需求计划及粗能力计划所需的资源清单。根据物料清单结构和当前有效的主工艺路线版本等资料，分别计算母件及其各子件物料的资源用量和使用资源工时。

2. 计算资源需求和查询资源需求状况

以产能管理参数设定的 MPS 物料的预测版本作为需求来源，根据资源清单计算各工作中心的资源需求，并同时计算相关工作中心资源的可用产能，以及计算每一预测订单在各工作中心的资源需求量及需求日期。若无预测需求订单，则此功能不用执行。

3. 计算粗能力需求和查询粗能力需求状况

根据工作中心关键资源的可用产能情况，验证资源是否能满足主生产计划对资源产能的需求，以便调整主生产计划。在执行完 MPS 后，就可以计算粗能力需求，即计算 MPS 件的产能和负载情况。

4. 关键资源负载情况

从工作中心和资源代号两个方面，查询工作中心中各种资源在某一时段的资源产能占用情况，了解哪些 MPS 件占用了资源，以便在关键资源产能不足的情况下，调整主生产计划或资源能力。

5. 计算能力需求和查询能力需求状况

根据产能管理参数设定的截止日期及生产订单状态，将满足条件范围内的生产订单，按照物料工艺路线资料，计算各工作中心资源的产能和负载，以核实各工作中心是否具有足够的可用能力来满足所有自制的 MRP 件对资源能力的需求，以便及时调配资源，使生产活动顺利进行。执行完 MRP 后，就可以计算能力需求，即计算自制 MRP 件的产能和负载情况。

6. 产能问题检核

查询各工作中心的资源在各时段内的产能及负载情况，以便及时调整生产订单资料。

7. 资源负载明细查询

查询工作中心的各资源在某一时段的被占用情况，了解哪些生产订单需要占用某一资源，以便在资源产能不足的情况下，调整生产订单或资源能力。

4.3 实验三 产能管理

【实验目的】

了解产能管理的含义，理解产能管理的作用，掌握产能管理的功能操作。

【实验要求】

以操作员身份进入系统进行操作。

【实验资料】

1. 实验数据准备

(1) 修改系统时间为"2019-09-06"。
(2) 引入"产能管理数据准备"数据账套。

2. 实验资料

(1) 设定产能管理参数，并根据"电子挂钟"的工艺路线资料生成物料资源清单。需求预测版本号为 201909，时格代号为 0001，截止日期为 2019-09-30，超载百分比为 110%，低载百分比为 60%，对全部资源进行能力需求计算，并选择所有状态的生产订单。

(2) 计算粗能力需求并查询粗能力需求状况。

(3) 若有预测需求订单，可以计算资源需求和查询资源需求状况。

(4) 查询各工作中心的关键资源粗能力负载情况。

(5) 计算细能力需求和查询细能力需求状况，时格代号为 0001。

(6) 查询各工作中心及资源的产能和负载情况，时格代号为 0001。

(7) 查询各资源细能力负载明细状况，时格代号为 0001。

【操作指导】

1. 设定产能管理参数并生成工艺路线的资源清单

岗位：生产计划人员

菜单路径：业务工作/生产制造/产能管理/基本资料/产能管理参数设定

菜单路径：业务工作/生产制造/产能管理/基本资料/工艺路线转资源清单

菜单路径：业务工作/生产制造/产能管理/基本资料/资源清单维护

(1) 产能管理参数设定操作如图 4-3 所示。

图 4-3　设定产能管理参数

(2) 物料工艺路线转资源清单操作如图 4-4 所示，单击"执行"按钮后，将弹出处理成功的提示窗口。

(3) 物料资源清单的维护操作如图 4-5 所示。根据企业实际情况，可以在物料所用的资源清单中修改标准工时来调整产能和负载，以满足生产计划。

产能管理 第4章

图 4-4 物料工艺路线转资源清单

图 4-5 维护物料资源清单

> **注意：**
>
> 工时(分子)代表生产每一单位物料所需的时间，此时间的计量单位究竟是秒、分钟，还是小时，是由工时(分母)的值决定的。若工时(分母)的值为 1，工时(分子)的值为 2，则代表单位工时为 2 小时；若工时(分母)的值为 60，工时(分子)的值为 5，则代表单位工时为 5 分钟，即 5/60 小时；若工时(分母)的值为 3600，工时(分子)的值为 30，则代表单位工时为 30 秒，即 30/3600 小时。计算产能时是以小时为计量单位的。

2. 计算资源需求和查询资源需求状况

岗位：生产计划人员

菜单路径：业务工作/生产制造/产能管理/资源需求计划/资源需求计算

菜单路径：业务工作/生产制造/产能管理/资源需求计划/资源需求汇总表

(1) 双击"资源需求计算"菜单命令,打开如图4-6所示的界面,输入条件后,单击"执行"按钮,显示结果提示界面。

图4-6 资源需求计算

(2) 双击"资源需求汇总表"菜单命令,可按照"工作中心"或"资源代号"查看资源需求情况。按照"工作中心"查看资源需求,如图4-7所示;按照"资源代号"查看资源需求,如图4-8所示。

图4-7 资源需求汇总表——工作中心

图4-8 资源需求汇总表——资源代号

> **注意：**
> ♦ 资源需求计划的负载计算，是以有效范围内的各销售预测订单为需求来源，按各物料所对应的资源清单分别计算每一预测订单在各工作中心的资源需求量及需求日期。资源的需求日期等于各预测订单的需求日期减去该资源在资源清单中的偏置天数(在计算资源需求计划和粗能力计划时，该工作中心资源负载需求日期比其订单计划完工日应提前或延后的天数。正数表示提前，负数表示延后)，然后系统再按计划期间汇总各工作中心资源的总产能需求量。录入销售预测订单的方法参见第 3 章 "补充实验二 需求预测订单的处理"。
> ♦ 若无预测需求订单，则此功能不用执行。

3. 计算粗能力需求和查询粗能力需求状况

岗位：生产计划人员

菜单路径：业务工作/生产制造/产能管理/粗能力需求计划/粗能力需求计算

菜单路径：业务工作/生产制造/产能管理/粗能力需求计划/粗能力需求汇总表

(1) 执行"粗能力需求计算"菜单命令，在如图 4-9 所示的窗口中单击"执行"按钮，执行成功后将出现提示窗口。

图 4-9 粗能力需求计算

> **注意：**
> 在 MPS 运算后，可以进行粗能力需求计划计算，但不能进行细能力需求计划计算。

(2) 通过"粗能力需求汇总表"功能，按照"工作中心"或"资源代号"分别查看粗能力需求情况和资源负载情况，在"查询条件选择"窗口的"工作中心代号"选择"0090"到"0090"，单击"确定"按钮，进入"粗能力需求汇总表"界面，如图 4-10、图 4-11 所示。

粗能力需求分析：

● 粗能力需求计划是针对主生产计划(MPS)中 MPS 件所需使用资源的产能和负载情况进行的计算。本实验的 MPS 件是电子挂钟，其对应工作中心为总装中心(0090)，所用资源为技工，共 10 名，每个技工组装一个电子挂钟的单位工时为 30 分钟(即 30/60 = 0.5 小时)。

- 由图 4-10 可见，总装中心在 2019.09.16—2019.09.26 时间段内的工作时间里，可用产能为 720 小时，产能需求为 225 小时，负载比为 31.25%(即 225/720)，资源利用状态为低载。

图 4-10　粗能力需求汇总表——工作中心

图 4-11　粗能力需求汇总表——资源代号

- 按照本实验的工作日历(system)计算，以 2019.09.16—2019.09.26 时间段内有 9 个工作日，每天 8 小时，因此，10 个技工的工作时间在这两个时间段内为 720 小时，代表技工的可用产能。根据 MPS 的计划结果显示，在上述时间段内计划组装电子挂钟 450 个，乘以单位工时以后得到 225 小时(即 450×0.5)，表示对技工的产能需求。产能需求除以可用产能，即为负载比，所以在这两个时间段内的产能负载比为 31.25%(即 225/720)，说明可用产能大于产能需求，技工能够满足组装生产的需要。但是，由于其小于低载的标准(60%)，因此可知，此时的技工利用率低，工作量不饱满，未达到合理使用人力资源的状态。

- 时间段的划分是按照所选定的时格(周、周、月、月)来定的。从当前系统时间 2019.09.06 开始，第一段为第一周，即 2019.09.06—2019.09.08；第二段为第二周，即

2019.09.09—2019.09.15；第三段为本月订单完工日到时格规定的月底，即 2019.09.16—2019.09.26；第四段为时格规定的月初到下月月底，即 2019.09.27—2019.10.26。

4. 查询关键资源粗能力负载情况

岗位：生产计划人员

菜单路径：业务工作/生产制造/产能管理/粗能力需求计划/关键资源负载明细表

可按"工作中心"或"资源代号"查看关键资源负载情况，在"查询条件选择"窗口的"工作中心代号"选择"0090"到"0090"，单击"确定"按钮，如图 4-12、图 4-13 所示。

图 4-12　关键资源负载明细表——工作中心

图 4-13　关键资源负载明细表——资源代号

5. 计算细能力需求和查询细能力需求状况

岗位：生产计划人员

菜单路径：业务工作/生产制造/产能管理/能力需求计划/能力需求计算

菜单路径：业务工作/生产制造/产能管理/能力需求计划/能力需求汇总表

(1) 双击"业务工作/生产制造/需求规划/计划作业/MRP 计划生成"，执行"MRP 计划"。

(2) 执行"能力需求计算"菜单命令,在如图 4-14 所示的窗口中单击"执行"按钮,执行成功后将出现提示窗口。

图 4-14　细能力需求计算

(3) 通过"能力需求汇总表"功能,按照"工作中心"或"资源代号"查看各工作中心资源不同时格的各时间段的产能和负载情况,在"查询条件选择"窗口的"工作中心代号"选择"0010"至"0030",查询结果如图 4-15、图 4-16 所示,"高级技工"出现超载,表明高级技工人员不足,产能不足。

图 4-15　能力需求汇总表——工作中心(产能不足)

图 4-16　能力需求汇总表——资源代号(产能不足)

注意：

- 在执行此功能之前，需要先运算完成 MRP，才可以计算细能力需求，根据产能及负载情况，了解资源是否能满足自制品生产计划的要求，以便调整生产计划或调配资源，使生产计划得以顺利执行。

- 细能力需求计划是针对物料需求计划(MRP)中的自制料品在生产中所需使用资源的产能和负载情况进行计算的。本实验以长针为例，按照长针的物料工艺路线，对生产长针所需要工作中心的资源生产能力进行计算。生产长针对应三个工作中心，即线切割中心、冲压中心和表面处理中心，分别对应的资源有线切割机床(3 台)、精密冲压模具(3 个)和高级技工(5 人)，每个资源分别对应的单位工时为 1 分钟(即 1/60 小时)、1 分钟(即 1/60 小时)和 1 小时。

- 由图 4-15 可见，针对两个销售订单所编制的长针生产计划(由 MRP 中可查询)需要在三个工作中心进行加工生产，长针的规划供应时间所处的时格范围为 2019.09.09—2019.09.15(即为第一个销售订单生产长针 60 个)、2019.09.16—2019.09.26 (即为第二个销售订单生产长针 390 个)。

  第一，"线切割中心"的线切割机床在 2019.09.09—2019.09.15 时间段内的工作时间里，可用产能共为 80 小时(即 5 天×每天工作 8 小时×2 台)，规划切割 60 个长针的产能需求为 1 小时(即 60/60)，负载比为 1.25%(即 1/80)，小于低载标准(60%)，表明线切割机床的利用状态很低，有很多富余产能；同理，在 2019.09.16—2019.09.26 时间段内的工作时间里，可用产能共为 144 小时(即 9 天×每天工作 8 小时×2 台)，规划切割 390 个长针的产能需求为 6.5 小时(即 390/60)，负载比为 4.51%(即 6.5/144)，小于低载标准(60%)，表明线切割机床的利用效率很低，有很多富余产能。

  第二，同理，计算"冲压中心"的产能，在 2019.09.09—2019.09.15 时间段内，可用产能为 120 小时(即 5 天×每天 8 工作小时×3 台)，规划冲压 60 个长针的产能需求为 1 小时(即 60/60)，负载比为 0.83%(即 1/120)，说明"冲压中心"的精密冲压模具的利用率很低；同理，在 2019.09.16—2019.09.26 时间段内的工作时间里，可用产能共为 216 小时(即 9 天×每天工作 8 小时×3 台)，规划切割 390 个长针的产能需求为 6.5 小时(即 390/60)，负载比为 3.01%(即 6.5/216)，小于低载标准(60%)，表明冲压模具的利用状态很低，有很多富余产能。

  第三，同理，计算"表面处理中心"的产能，在 2019.09.09—2019.09.15、2019.09.16—2019.09.26 两个时间段内，可用产能分别为 200 小时(即 5 天×每天工作 8 小时×5 人)和 360 小时(即 9 天×每天工作 8 小时×5 人)，规划表面处理共 450 个长针(即 30＋420)，其中 30 个长针在第一时段加工生产，420 个长针在第二个时间段内加工生产，因此，第一时间段需要处理 30 个、第二时间段需处理 420 个。由图 4-15 可见，在 2019.09.09—2019.09.15 时间段内，可用产能为 200 小时，产能需求为 30 小时，产能需求小于可用产能，负载比为 15%(即 30/200)；而在第二时间段，产能需求为 420 小时，可用产能为 360 小时，产能需求大于可用产能，负载比为116.67%(即420/360)，表明"表面处理中心"高级技工的利用率在第二时段超载，如果工作时间不变，则需要补充人员才能完成生产任务。即，通过增加人员数量来调整"表面处理中心"的资源，以增大可用产能的工时量，满足此时段的产能需求。需要增加 1 人(即(420－360)/(9×8)=0.83)才可满足产能需求。操作方法如下。

(1) 双击"基础设置/基础档案/生产制造/资源资料维护"，单击"查询"按钮，在弹出的"查询条件选择"窗口中单击"确定"按钮。资源资料维护查询结果如图 4-17 所示。

图 4-17　资源资料维护查询结果

(2) 选中 0003 高级技工，单击"修改"按钮，修改"可用数量"为 6，即增加两名高级技工。资源资料维护——高级技工可用数量修改结果如图 4-18 所示。

图 4-18　资源资料维护——高级技工可用数量修改结果

(3) 单击"保存"按钮完成设置。

(4) 执行"业务工作/生产制造/产能管理/能力需求计划/能力需求计算"菜单命令，在如图 4-14 所示的窗口中单击"执行"按钮，执行成功后将出现提示窗口。

(5) 通过"能力需求汇总表"功能，按照"工作中心"或"资源代号"查看各工作中心资源不同时格的各时间段的产能和负载情况，在"查询条件选择"窗口的"工作中心代号"选择"0010"至"0030"，查询结果如图 4-19、图 4-20 所示。此时表面处理中心无"超载"现象，说明可用产能能够满足产能需求。

图 4-19　能力需求汇总表——工作中心

图 4-20　能力需求汇总表——资源代号

> **注意:**
>
> 时间段的划分是按照所选定的时格计划代号(即 0001，设置为周、周、月、月的时间段划分)而定的。从当前系统时间 2019.09.06 开始，第一段为第一周，即 2019.09.06—2019.09.08；第二段为第二周，即 2019.09.09—2019.09.15；第三段为本月，即 2019.09.16—2019.09.26(在时格设置时，每月 26 日定为月末最后一天)；第四段为下月的全月时间段，

即 2019.09.27—2019.10.26。按照 MRP 的规划，长针生产订单加工时间发生在第二、第三时间段内，第一、第四时间段没有发生生产业务，所以没有显示。

6. 产能问题检核

岗位：生产计划人员

菜单路径：业务工作/生产制造/产能管理/能力需求计划/产能问题检核

(1) 执行"产能问题检核"菜单命令，输入时格资料后，修改"结束日期"为"2019-10-31"，单击"查询"按钮，显示各工作中心列表，如图 4-21 所示。

图 4-21　产能问题检核

(2) 单击某工作中心所在行，单击工具栏上的"图形"按钮，可通过"产能——负载图"查看该工作中心不同时间段内的产能和负载情况，如图 4-22 所示，高级技工的产能已能满足需求。

图 4-22　产能——负载图(表面处理中心)

注意：

- 由图 4-22 显示，按照时格(周、周、月、月)的分段，对某个工作中心的产能情况进行查询，了解其负载状况，以便调整资源利用计划，指导资源利用决策。由于此时的系统时间是 9 月 6 日，而第一时间段是从 9 月 2 日(周一)到 9 月 8 日(周日)，所以显示逾期。
- 可用产能、产能需求、负载比的计算与前面所述同理。
- 在计算机操作过程中，图中蓝色部分代表负载率，绿色代表可以达到的产能，红色代表超载。
- 当出现超载状况时，表明资源不能满足生产所需。可以通过以下途径来解决。
  - 增加资源的数量。
  - 增加工作日历中的工作天数和每日工作小时数。
  - 减低资源的单位加工工时，提高生产效率。
  - 调整生产计划的时间。

7. 资源负载明细查询

岗位：生产计划人员

菜单路径：业务工作/生产制造/产能管理/能力需求计划/资源负载明细表

可按"工作中心"或"资源代号"查看各工作中心资源不同时段的产能和负载情况，如图 4-23、图 4-24 所示。

图 4-23　资源负载明细表——工作中心

图 4-24 资源负载明细表——资源代号

【系统功能说明】

（1）资源需求计划(RRP)：在建立长期的需求预测之后和运算主生产计划之前，依据长期的需求预测数据，来估算完成生产计划所需的资源。它有助于企业解决长期的计划问题，如扩充现有设施、增加新设施、人员配备、设施资金预算等。它主要用于评估现有资源能否满足一个中长期计划的需要，以便及时安排人力、设备等资源配备。

（2）粗能力需求计划(RCCP)：将主生产计划转换为对工作中心关键资源的能力需求计划，用于验证是否具有足够的可用产能满足主生产计划的产能需求。在生成详细的物料需求计划(MRP)之前，最好根据工作中心关键资源，使用该功能来验证主生产计划是否切实可行，以便更好地驱动物料需求计划。它只限于对工作中心的关键资源。

（3）能力需求计划(CRP)：依据物料的生产订单及其工艺路线，将生产计划的产能需求与可用产能相比较，以核实各工作中心是否具有足够的可用产能来满足所有自制 MRP 件的生产计划的产能需求。采用这种方法，可以识别产能需求和可用产能之间的短期差异。

（4）资源"状态"分为"全部、逾期、低载、超载"四种状态。系统默认为"全部"。
- 若"起始日期"小于系统日期，显示"逾期"。
- 若负载比小于产能管理参数中的"低载百分比"，显示"低载"。说明资源利用率偏低，资源没有得到很好的利用，存在闲置状况。
- 若负载比大于"超载百分比"，则显示"超载"。说明资源利用率过度，资源处于超负荷利用状态，无法满足生产的需要。

（5）某时间段内的可用产能＝该时间段内的工作天数×每天工作小时数×资源数量。

（6）某时间段内的产能需求＝每单位物料耗用的工时数×该时间段内的生产数量。

(7) 差额＝可用产能－产能需求。
(8) 负载比＝产能需求÷可用产能。

【思考题】

(1) 产能管理的作用是什么？能力需求计划与粗能力需求计划有何区别？
(2) 产能管理与 MPS 及 MRP 是什么关系？
(3) 以长针为例，进一步做粗能力需求计划和能力需求计划对生产规划进行检验，分析每个工作中心的可用产能和产能需求的数据，并解释出现超载的原因；同时，分析解决的办法，将 MPS 和 MRP 调整正确。

第 5 章

采购业务

5.1 业务概述

5.1.1 功能概述

采购管理系统是对企业采购业务的全部流程进行的管理，它提供请购、订货、到货、入库、开票、采购结算等完整的采购流程，还可以根据企业的实际情况进行采购流程的定制。

本实验主要针对依据 MPS 和 MRP 规划的结果生成采购订单，以及由其他部门请购生成的采购订单进行采购业务的处理。采购业务流程选用最长的业务流程，包括请购、采购订货、采购到货、采购入库、登记发票、采购结算的采购管理过程。

5.1.2 相关子系统功能模块之间的关系

采购管理与其他子系统之间的关系，如图 5-1 所示。

图 5-1 采购管理与其他子系统之间的关系

5.1.3 应用准备

(1) 建立账套、启用采购管理系统。
(2) 设置供应商档案、存货档案等共用资料。
(3) 设定采购管理的业务模式、企业类型、采购类型、采购流程等基础信息。
(4) 设置供应商存货对照表、供应商存货价格表等基础信息。
(5) 设置采购管理参数及期初数据。
(6) MPS、MRP 规划已完成。

5.2 系统业务流程

5.2.1 日常业务流程

针对根据 MPS 和 MRP 的建议规划结果生成采购订单,以及从其他部门请购生成的采购订单进行采购业务处理。采购部门根据采购订单进行采购订货、采购到货、采购物料入库、采购发票填制、审核及采购结算等业务处理工作。采购日常业务流程,如图 5-2 所示。

图 5-2 采购日常业务流程

5.2.2 主要业务内容

1. 期初记账

初次使用"采购管理"模块时,要将采购业务期初数据记入有关采购账簿中,以保证数据的连贯性。如果系统中已有上年数据，则可通过"结转上年"功能，将上年度期末采购数据自动结转到本年期初。期初记账后，期初数据不能增加、修改，除非取消期初记账。期初记账后输入的入库单、发票都是启用月份及其以后月份的单据，在"月末结账"功能中记入有关采购账。期初数据包括以下四个方面。

(1) 期初暂估入库：将启用"采购管理"模块时，货已到但没有取得供货单位采购发票，而不能进行采购结算的入库单输入系统，以便取得发票后进行采购结算。

(2) 期初在途存货：将启用"采购管理"模块时，已取得供货单位的采购发票，但货物尚未到货而没有入库，不能进行采购结算的发票输入系统，以便货物到货入库填制入库单后进行采购结算。

(3) 期初受托代销商品：将启用"采购管理"模块时，没有与供货单位结算完的受托代销商品入库记录输入系统，以便在受托代销商品销售后，再进行受托代销结算。

(4) 期初代管挂账确认单：将启用"采购管理"模块时，已与代管的供应商物料进行了耗用挂账，但还没有取得供应商的采购发票，而不能进行采购结算的代管挂账确认单输入系统，以便取得发票后再与之进行结算。

2. 供应商存货价格表

用于供应商和存货价格的录入与维护，可以事先设置不同的价格。供填制采购单据(订单、到货单、发票)时使用。

3. 请购单输入

请购指企业内部的各部门向采购部门提出采购申请，或采购部门汇总企业内部采购需求提出采购清单并由采购员输入请购单。请购是采购业务处理的起点，也是 MPS 和 MRP 计划与采购订单的中间过渡环节，用于描述和生成采购的需求(如采购什么货物、采购多少、何时使用、谁使用等内容)；同时，也可为采购订单提供建议(建议供应商、订货日期等)。

4. 请购单审核

采购员将请购单打印出来交由经理审批，经理可以授权采购员进行审核处理。

5. 请购转采购处理并审核采购订单

采购员将已审核且已经确定供应商的请购单转为锁定状态的采购订单(重新运行 MPS、MRP 计算时不会对锁定的采购订单产生影响)，并对这些采购订单进行审核。

6. 由 MRP 的规划采购自动生成采购订单

根据 MRP 中对采购料品的建议规划资料，生成可执行的采购订单。

7. 填制到货单

采购业务员在与供应商签订了采购合同或协议后,向供应商发出采购订单,货物送达企业后,采购业务员根据供方通知或送货单,确认货物的数量、价格等信息,填制采购到货单,然后,以入库通知单的形式传递到仓库作为仓管员收货入库的依据。

8. 将所采购的货物入库

仓库根据采购业务员的到货通知,由仓管员验收货物的数量、质量、规格型号等,确认验收无误后登记入库,记入库存账。

9. 登记采购发票

采购业务员根据供应商开出的销售货物的发票单据,登记采购发票,确认采购成本,以备登记应付账款之用。可手工填制,也可参照采购订单或入库单据生成。采购发票分为增值税专用发票、普通发票、运费发票三种。

10. 采购结算

采购结算是指根据采购发票与采购入库单进行的结算,以便核算采购入库成本。以"采购结算单"的形式记载采购入库单记录与采购发票记录的对应关系。

采购结算分为自动结算、手工结算两种方式,另外,运费发票可以单独进行费用折扣结算。

5.3 实验四 采购业务

【实验目的】

理解采购管理的作用,掌握对由 MRP 规划资料制作采购订单进行业务处理的操作。

【实验要求】

以操作员身份进入系统进行操作。

【实验资料】

1. 实验数据准备

(1) 修改系统时间为"2019-09-09"。
(2) 引入"采购业务数据准备"数据账套。

2. 实验资料

(1) 对采购物料进行期初记账。

(2) 输入和查询供应商存货价格(含税单价)：北京铝材厂的铝材 20 元/千克；江苏塑料二厂的塑料 19 元/千克；上海昊恒工贸有限公司的机芯 30 元/个、电池 10 元/节、薄膜 8 元/米。

(3) 仓管部李丽申请购买机芯(编号 11000)100 个，9 月 20 日要货，建议向上海昊恒工贸有限公司购买。

(4) 对请购单进行审核。

(5) 由上述的请购单生成采购订单，并进行审核处理。

(6) 根据 MRP 的规划建议编制采购订单，并进行审核。铝材供应商为北京铝材厂，塑料供应商为江苏塑料二厂，其他物料供应商为上海昊恒工贸有限公司。

(7) 进行采购到货处理，填制到货单。

(8) 对采购的物料进行验收入库。

(9) 登记专用采购发票。

【操作指导】

1. 采购期初记账

岗位：采购部门/业务员

菜单路径：业务工作/供应链/采购管理/设置/采购期初记账

在"期初记账"窗口中单击"记账"按钮，记账完毕后出现"期初记账完毕"提示信息，单击"确定"按钮，即完成记账，如图 5-3 所示。

图 5-3　采购期初记账

注意：

- 期初记账是将采购期初数据记入有关采购账，以保证数据的连贯性。期初记账后，期初数据不能增加、修改，除非取消期初记账。
- 启用"采购管理"模块时，如果期初没有数据，则直接运行"采购期初记账"即可。

2. 查询供应商存货调价单和存货价格

岗位：采购部门/业务员

菜单路径：业务工作/供应链/采购管理/供应商管理/供应商供货信息/供应商存货调价单

菜单路径：业务工作/供应链/采购管理/供应商管理/供应商供货信息/供应商存货价格表

（1）执行"业务工作/供应链/采购管理/供应商管理/供应商供货信息/供应商存货调价单"命令，进入"供应商存货调价单"界面，由于供应商存货价格已经在第1章中录入完成，此时，单击工具栏上的箭头按钮，即可显示出预设好的供应商存货价格信息，如图5-4所示。

图 5-4　录入和查询供应商存货调价单

（2）执行"业务工作/供应链/采购管理/供应商管理/供应商供货信息/供应商存货价格表"命令，进入"供应商存货价格表"界面，查看供应商存货价格信息，如图5-5所示。

图 5-5　供应商存货价格表

注意：

执行"采购管理/设置/采购选项"功能，将"订单\到货单\发票单价录入方式"设为"取自供应商存货价格表价格"方式，当录入采购订单时，就可以从"供应商存货价格表"中自动取价，如图5-6所示。

图 5-6 设置采购选项

3. 填制请购单

岗位：请购部门/请购员

菜单路径：业务工作/供应链/采购管理/请购/请购单

(1) 在"采购请购单"窗口中，单击工具栏上的"增加"按钮，生成一个新的请购单据号。

(2) 输入表头请购部门和请购人员资料后，在表体中输入请购物料、请购数量和需求时间等信息，单击"保存"按钮完成操作，在表尾显示出"制单人"的签名，如图5-7所示。

4. 审核请购单

岗位：请购部门的主管

菜单路径：业务工作/供应链/采购管理/请购/请购单

对已经保存的请购单，单击工具栏上的"审核"按钮，即可完成审核工作，在表尾会显示出"审核人"的签名。

图 5-7 录入并保存及审核采购请购单

5. 由请购单生成采购订单

岗位：采购部门/业务员

菜单路径：业务工作/供应链/采购管理/采购订货/采购订单

(1) 在"采购订单"窗口中，单击工具栏上的"增加"按钮，生成一个新的采购订单单据号。

(2) 在工具栏中单击"生单"按钮，在列表中选择"请购单"，如图 5-8 所示。

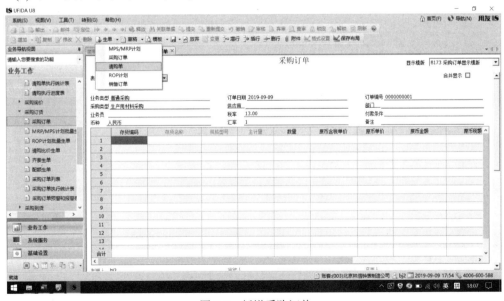

图 5-8 新增采购订单

(3) 在"查询条件选择"窗口中单击"确定"按钮后，进入"拷贝并执行"窗口，选择"订单拷贝请购单表头列表"的记录行,双击"选择"栏位单元格,出现"Y"时,再选择下方表体列表的记录行。"选择"栏为"Y"时,表示已选中需要生成采购订单的请购单中的采购物料,单击工具栏中的"确定"按钮,该请购单中的信息即被带入采购订单中,如图5-9所示。

图5-9 选择请购单

(4) 如图5-10所示,补充输入部门为"采购部",业务员为"李梅",单价信息可以根据实际数据录入或修改,然后单击"保存"按钮,即完成请购单生成采购订单的工作。

(5) 单击工具栏上的"审核"按钮,表尾审核人处显示签名,即完成对采购订单的审核工作。

图5-10 由请购单生成采购订单

6. 根据 MRP 规划资料制作采购订单

岗位：采购部门/业务员
菜单路径：业务工作/供应链/采购管理/采购订货/采购订单

(1) 在"采购订单"窗口中，单击工具栏上的"增加"按钮，生成一个新的采购订单单据号，然后在工具栏中单击"生单"按钮，选择"MPS/MRP 计划"。

(2) 在"查询条件选择"窗口中单击"确定"按钮后，进入"拷贝并执行"窗口，选择列表中"机芯""电池"所在行，"选择"栏显示"Y"时，表示已选中需要生成采购订单的物料，如图 5-11 所示。单击"确定"按钮，所选物料的规划信息即被带入采购订单中。

图 5-11 规划订单的选单列表

(3) 在"采购订单"窗口中，确定供应商和物料单价，单击表头"供应商"栏位的 … 图标，选择输入供应商，表体中自动带入含税单价信息（可修改），录入"采购部"业务员"李梅"，然后单击"保存"按钮完成采购订单生成的工作。单击工具栏上的"审核"按钮，即可完成对采购订单的审核工作，如图 5-12 所示。

图 5-12 由规划订单生成采购订单

(4) 同理操作，可由其他物料 MRP 规划资料生成采购订单并进行审核。

通过"采购订单列表"功能，可以查询到所有生成的采购订单，如图 5-13 所示。

图 5-13 采购订单列表

注意：

- 各采购物料的含税单价，是指物料的含税采购成本。本实验采购成本数据：机芯为 30 元/个，电池为 10 元/节，薄膜为 8 元/米，铝材为 20 元/千克，塑料为 19 元/千克。
- 采购订单可以手工录入，也可以参照请购单、销售订单、采购规划(MPS、MRP、ROP)、采购合同、出口订单生成。
- 采购订单可以修改、删除、审核、弃审、变更、关闭、打开、锁定和解锁。
- 已审核未关闭的采购订单可以参照生成采购到货单、采购入库单和采购发票。
- 审核前的订单可以修改，审核后的订单需要进行弃审后方可修改。
- 满足下列条件之一者，即可对采购订单进行审核。
  - 采购订单输入计算机后，交由供货单位确认后的订单。
  - 如果订单由专职录入员输入，则由业务员进行数据检查，确定正确的订单。
  - 经过采购主管批准的订单。

7. 填制到货单

岗位：采购部门/业务员

菜单路径：业务工作/供应链/采购管理/采购到货/到货单

(1) 在"到货单"窗口中，单击工具栏上的"增加"按钮，生成一个新的到货单单据号。

(2) 在工具栏"生单"中选择"采购订单",如图 5-14 所示。

图 5-14 新增物料采购到货单

(3) 出现"查询条件选择"窗口,单击"确定"按钮后,进入"到货单拷贝订单表头列表"窗口,如图 5-15 所示。在列出的采购订单记录行中,双击"选择"栏位,或单击"全选"按钮,出现"Y"时,表示已选中要生成到货单的采购订单,单击工具栏中的"OK 确定"按钮,所选采购订单的信息即被带入到货单中。

图 5-15 到货单拷贝订单表头列表

(4) 如图 5-16 所示,在到货单中补充输入相关信息后,单击"保存"按钮,即可完成到货单的生成工作。

图 5-16 生成物料采购到货单

(5) 单击工具栏上的"审核"按钮，即可完成对采购到货单的审核工作。同理操作，可对其他采购到货单进行操作并进行审核，生成相应物料的到货单。

(6) 通过"到货单列表"可以查询所有物料采购的到货单资料，如图 5-17 所示。

图 5-17 购料到货单列表

注意：

- 采购物料类的到货单可以手工输入，也可由采购订单生成。若为"必有订单业务模式"时，为了能跟踪采购的整个业务流程，则不能手工输入采购到货单。
- 若在新增到货单的表头中选择了供应商，则在"选单列表"窗口中将该供应商的采购订单列出来，选择后即生成了对该供应商物料采购的到货单。

8. 对采购物料进行入库并查询现存量

岗位：仓库/仓管员
菜单路径：业务工作/供应链/库存管理/入库业务/采购入库单
菜单路径：业务工作/供应链/库存管理/报表/库存账/现存量查询

(1) 在"采购入库单"窗口中，单击工具栏上的"增加"按钮，生成一个新的采购入库单单据号。单击表头栏目的"到货单号"栏位的…图标，如图 5-18 所示，在弹出的"生单来源"窗口中选择"采购到货单"，单击"确认"按钮。或者，在"采购入库单"窗口中，直接单击工具栏中的"生单"下拉列表，选择"采购到货单(蓝字)"，进入"查询条件选择"窗口。

图 5-18　新增采购入库单

(2) 在"查询条件选择"窗口中，单击"确定"按钮，进入"到货单生单列表"窗口，如图 5-19 所示，选择上方表头中的到货单和下方表体中的物料，单击工具栏中的"确定"按钮，于是，所选到货单的信息即被带入采购入库单中。

图 5-19　到货单生单列表

(3) 如图 5-20 所示，补充填写入库仓库为"半成品仓库"后，单击"保存"按钮即完成入库单的生成工作。单击工具栏上的"审核"按钮，对入库单进行审核。

图 5-20　生成采购入库单

(4) 依此类推，完成其他物料的采购入库单的生成工作。

(5) 可以由"入库单列表"查询所有采购入库单的情况。

(6) 通过"业务工作/供应链/库存管理/报表/库存账/现存量查询"功能，可以查询采购物料的库存现存量资料，如图 5-21 所示。

图 5-21　查询库存现存量

9. 登记专用采购发票

岗位：采购部门/业务员

菜单路径：业务工作/供应链/采购管理/采购发票/专用采购发票

(1) 单击"专用采购发票"选项，进入"专用发票"窗口，单击工具栏上的"增加"按钮，生成一个新的发票号，再单击"生单"下拉列表，选择"采购订单"，如图5-22所示。

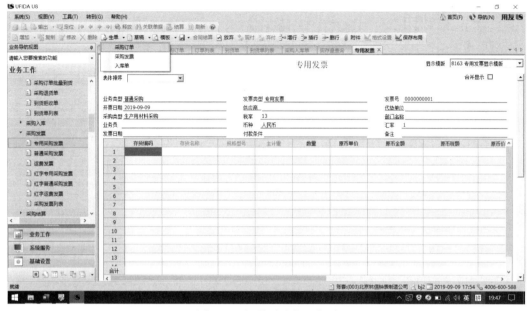

图 5-22　新增采购专用发票

(2) 在"查询条件选择"窗口中单击"确定"按钮，进入"拷贝并执行"窗口，选择上方"发票拷贝订单表头列表"中的供应商订单和下方表体列表中的物料，如图 5-23 所示，再单击工具栏中的"确定"按钮，所选采购订单的信息即被带入采购发票中。

图 5-23　发票拷贝订单列表

(3) 如图 5-24 所示，录入采购发票日期，检查各项数据无误后，单击"保存"按钮完成发票填制工作。同理操作，登记录入其他采购订单的专用采购发票，如图 5-25 所示。

图 5-24　生成上海昊恒工贸的采购专用发票

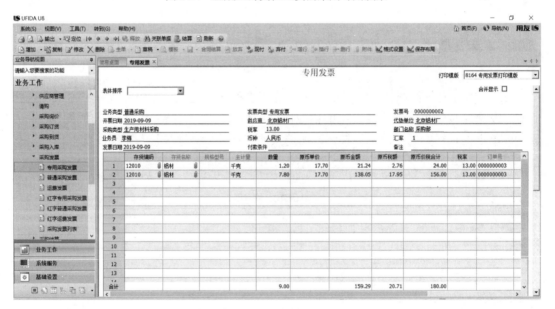

图 5-25　生成北京铝材厂的采购专用发票

【系统功能说明】

(1)"库存管理"启用前,可在"采购管理/采购入库/入库单"中填制采购入库单;若"库存管理"已启用,与购销存子系统集成使用,则必须在"库存管理/入库业务/采购入库单"中进行物料入库操作。此时在"采购管理"中只可录入期初入库单和查询浏览入库单据。

(2) 初次使用"采购管理"模块时，应先输入"采购管理"的期初数据。如果系统中已有上年数据，可使用"系统服务/系统管理/年度账/结转上年"模块，将上年度采购数据自动结转到本年初。

(3) "期初记账"是将采购期初数据记入有关的采购账。期初记账后，期初数据不能再增加、修改，除非取消期初记账。期初记账后输入的入库单、发票都是启用月份及以后月份的单据，由"月末结账"功能将当月的采购数据记入有关账表。

(4) 在填制采购单据(订单、到货单、发票)的价格时，可以从"供应商存货价格表"中取价，此前需要事先在"采购管理/设置/采购选项"中将"订单\到货单\发票单价录入方式"设为"取供应商存货价格表价格"方式。供应商的属性包括货物、委外或服务等，存货的属性包括外购、委外或应税劳务等。当供应类型为委外时，价格指委外物料的加工费用。在采购管理系统中，单据取价只取供应类型为采购的相应记录。

(5) 采购请购单是可选单据，用户可以根据实际业务需要选用。

(6) 采购订单可以手工录入，也可以参照请购单、销售订单、采购计划(MRP、MPS、ROP)、采购合同及出口订单等生成。

【思考题】

采购订单有哪几种状态和来源？采购订单的"锁定"作用是什么？

第 6 章

委 外 业 务

6.1 业务概述

6.1.1 功能概述

委外加工是一种代工不代料的外包委外商进行产品外协加工的加工方式。由于本企业生产能力不足,或有特殊工艺要求,或自制成本高于委外成本,或因其他原因,需要由企业提供加工委外件的材料,由委外供应商领料后负责完成委外件的生产,之后结算相应加工费用的一种加工运作模式。

委外管理系统是对委外业务的全部流程进行管理,提供委外订单下达、委外材料出库、委外到货、委外入库、委外材料核销、委外开票、委外结算等完整委外业务流程的管理。其中委外材料出库、委外入库业务在"库存管理"系统中进行。委外管理系统适用于离散型工业行业的委外加工业务管理。委外业务以委外订单为核心,支持严格按照委外订单进行收发料、开具委外加工费发票的业务处理。

本实验主要针对由 MPS 和 MRP 的供需规划资料生成委外订单,并进行委外加工业务的处理。委外业务从委外询价开始,到委外单的输入与审核、委外料品的领料加工、完工验收入库,直至财务制单的全部业务处理程序。委外业务兼有采购管理和生产订单的特点,既有询价和验收入库的环节,又有领料和发料等业务的内容。

6.1.2 相关子系统功能模块之间的关系

委外管理与其他子系统之间的关系,如图 6-1 所示。

图 6-1 委外管理与其他子系统之间的关系

6.1.3 应用准备

在启用委外管理模块之前,需要准备的基础资料如下。
(1) 建立账套,启用委外管理系统。
(2) 设置存货档案等共用资料。
(3) 设置委外供应商存货对照表、存货价格表等基础信息。
(4) 对委外管理参数及期初数据进行维护。
(5) MPS、MRP 规划已完成。

6.2 系统业务流程

6.2.1 日常业务流程

委外管理日常业务处理流程,如图 6-2 所示。

图 6-2 委外管理日常业务处理流程

6.2.2 主要业务内容

1. 制作委外订单

委外订单的生成有两种方式:一是生产计划人员向委外商询价,签订委托加工合同后,生产计划人员手动录入委外单;二是经过 MPS 和 MRP 自动规划后,规划人员对建议规划量进行查核和确认后生成委外单(未审核)。

委外订单(委外加工单)包括反映在订单中的委外加工母件信息及反映在订单用料表中的加工用料子件信息。母件信息包括委托供应商加工什么货品、加工多少、什么时间加工完成等收货数据信息,作为仓库收货的依据;子件信息包括需要提供给委外供应商的子件种类、用量、需求日期、批次、发料仓库、供应类型等发料数据信息,作为仓库发料的依据。因此,对委外订单的管理包括对母件的管理和对子件的管理。

企业生产管理部门或物料管理部门通常以委外订单为中心,依据委外订单进行委外后续的发料、到货、入库、发票、核销、结算等业务。

2. 审核委外订单

委外业务员打印出委外订单,由生产部经理审核签字确认,再由委外商确认后,就形成了正式的委外加工合同,将委外订单打印出来后送达委外商和企业仓库,供领料和备料使用。

3. 根据委外订单领料

委外商接到委外订单的通知后,凭借委外订单来企业进行领料,仓库填制材料出库单。

4. 委外料品完工到货

委外商将加工完成的料品送达企业,企业要进行到货业务的处理。委外到货是委外订货和委外入库的中间环节,一般由委外业务员根据供方通知或送货单填写,确认对方所送达的委外加工料品、数量及价格等信息,以到货单的形式传递到仓库作为仓管员收货的依据。

5. 委外料品入库

委外料品加工完成送达企业后,仓管员根据到货单据进行收料入库。

6. 登记委外发票

委外发票是委外供应商开出的记载委外料品加工费的凭证,是企业据以登记应付账款的凭据。委外发票包括专用发票、普通发票及运费发票。

7. 委外业务结算

核算人员根据委外入库单和委外发票进行结算,以核算委外物品的加工成本,以"委外结算单"的形式记载委外入库单记录与发票记录的对应关系。委外结算采用手工结算的方式,另外,运费发票可以单独进行费用折扣结算。

6.3 实验五 委外业务

【实验目的】

理解委外管理的作用,掌握委外管理的功能操作。

【实验要求】

以操作员身份进入系统进行操作。

【实验资料】

1. 实验数据准备

(1) 修改系统时间为"2019-09-09"。
(2) 引入"委外业务数据准备"数据账套。

2. 实验资料

(1) 委外业务期初记账。
(2) 根据 MRP 的规划建议制作委外订单:委外商为北京兴隆注塑厂。各物料的委外含税价:钟框为 9 元/个,盘体为 10 元/个。
(3) 审核并查询委外订单。
(4) 北京兴隆注塑厂根据企业的委外订单通知,到企业将所需物料全部领走。
(5) 委外加工的料品加工完成,送达企业,填制到货单。
(6) 委外料品入库业务。
(7) 登记委外专用发票。

【操作指导】

1. 委外业务期初记账

岗位：生产计划人员

菜单路径：业务工作/供应链/委外管理/委外期初/期初记账

在"期初记账"窗口中，单击"记账"按钮，记账完毕后出现"期初记账完毕"提示信息，单击"确定"按钮即完成记账，如图6-3所示。

图6-3　委外期初记账

2. 生成委外订单

岗位：生产计划人员

菜单路径：业务工作/供应链/委外管理/委外订货/委外订单

(1) 在"委外订单"窗口中，单击工具栏上的"增加"按钮，生成一个新的委外订单号。

(2) 单击工具栏中的"生单"下拉列表，选择"委外计划单"命令，如图6-4所示，出现"查询条件选择"窗口，单击"确定"按钮后，进入"拷贝并执行"窗口。

图6-4　新增委外订单

(3) 在列表的记录行双击"选择"栏位，出现"Y"时，表示已选中需要生成委外订单的计划单，如图 6-5 所示。单击工具栏中的"确定"按钮，所选记录行的信息即被带入委外订单中。

图 6-5　选择委外计划

(4) 补充输入委外商及单价等信息后，单击"保存"按钮完成委外订单的录入工作，如图 6-6 所示。

图 6-6　生成委外订单

> **注意**：
>
> ◆ 各物料的委外含税单价，即支付给委外商的单件加工费。
>
> ◆ 委外订单可以手工录入，也可以参照 MPS 和 MRP 的委外规划和生产规划自动生成。
>
> ◆ 委外加工料品的价格可以由"委外商管理/供应商存货调价单"事先输入，在"委

外选项设置"中的"订单\费用发票单价录入方式"中选择"取自供应商存货价格表价格",当生成委外订单时,价格将随着委外商自动带出,也可进行修改。

- 委外订单可以修改、删除、审核、弃审、变更、关闭、打开、锁定、解锁。委外订单审核前可以直接修改,审核后的委外订单需弃审后方可修改。
- 已审核未关闭的委外订单可以参照生成委外到货单、委外入库单、委外发票。
- 本实验只支持有委外订单的委外业务,即委外后续业务单据必须以委外订单为来源,不可手工无来源地增加后续委外业务单据。

3. 审核及查询委外订单

岗位:生产部门/主管

菜单路径:业务工作/供应链/委外管理/委外订货/委外订单

菜单路径:业务工作/供应链/委外管理/委外订货/委外订单列表

(1) 在"委外订单"窗口中,单击工具栏上的"审核"按钮对委外订单进行审核。也可以在"委外订单列表"窗口中,单击工具栏上的"全选"按钮,选中需要审核的内容,再单击"批审"对委外订单进行审核。

(2) 双击执行"委外订单列表"功能,查看所有委外订单的情况,如图6-7所示。

图 6-7 委外订单列表

4. 根据委外订单进行领料

岗位:仓库/仓管员

菜单路径:业务工作/供应链/库存管理/出库业务/材料出库单

(1) 在"材料出库单"窗口中,单击工具栏中的"增加"按钮,生成一个新的材料出库单号,单击表头"仓库"栏右侧的"…"图标,选择"原辅料仓库",再单击"订单号"栏右侧的"…"图标,弹出"生单来源"对话框,如图 6-8 所示,选择"委外订单",单击"确认"按钮后,进入"查询条件选择—委外发料父项过滤条件"窗口。或者,在"材料出库单"窗口中,直接单击"生单"下拉列表,选择"委外订单(蓝字)",进入"查询条件选择—委外发料父项过滤条件"窗口。

图 6-8　录入材料出库单

(2) 在"查询条件选择—委外发料父项过滤条件"窗口中,单击"确定"按钮,进入"委外领料出库生单列表"窗口,如图 6-9 所示,选择上方父项委外料品记录行和下方子项记录行,单击"确定"按钮,所选物料的信息将被带入材料出库单之中。

图 6-9　委外订单领料选择

(3) 在"材料出库单"中补充输入"出库类别"为"生产领用",单击"保存"按钮,完成委外加工料品的领料工作，如图6-10所示。

图6-10 生成材料出库单

(4) 在"材料出库单"窗口中，单击工具栏上的"审核"按钮，完成审核工作。

注意：

- 材料出库单可以手工增加，可以配比出库，可以参照"生产订单"的生产订单用料表生成，参照"委外管理"的委外订单用料表生成，或者根据限额领料单生成；材料出库单还可以在产成品入库单、采购入库单、生产订单工序转移单保存后由系统自动生成；倒冲仓库盘点的盘点单审核后可自动生成材料出库单。
- 材料出库单可以修改、删除、审核、弃审，但根据限额领料单生成的材料出库单不可修改、删除；自动倒冲或盘点补差生成的材料出库单不允许删除；自动倒冲或盘点补差生成的材料出库单根据倒冲材料出库单设置自动审核后方可自动审核。

5. 委外加工料品完工到货

岗位：委外业务员

菜单路径：业务工作/供应链/委外管理/委外到货/到货单

(1) 在"到货单"窗口中，单击工具栏上的"增加"按钮，生成一个新的到货单单据号。

(2) 单击工具栏中的"生单"按钮，选择"委外订单"命令，如图6-11所示。在"查询条件选择"窗口中，单击"确定"按钮，进入"拷贝并执行"窗口。

图 6-11　新增委外到货单

(3) 在"拷贝并执行"窗口中，双击"选择"栏或单击"全选"按钮，选择上方委外订单记录行和下方到货料品记录行，"选择"栏出现"Y"时，表示已选中要生成到货单的委外订单及料品，单击工具栏中的"确定"按钮，所选委外订单到货信息即被带入到货单中，如图 6-12 所示。

图 6-12　选择委外订单到货料品

(4) 如图 6-13 所示，在订货单窗口中，可以补充输入其他项目的资料，然后单击"保存"按钮完成到货单的生成工作。

(5) 在订货单窗口中，单击"审核"按钮，完成对"到货单"的审核。

图 6-13 生成委外到货单

6. 委外料品完工入库

岗位：仓库/仓管员

菜单路径：业务工作/供应链/库存管理/入库业务/采购入库单

菜单路径：业务工作/供应链/库存管理/报表/库存账/现存量查询

(1) 在"采购入库单"对话框中，单击工具栏上的"增加"按钮，生成一个新的入库单号。单击"到货单号"栏右侧"……"图标，在弹出的"生单来源"窗口中选择"委外到货单"，如图 6-14 所示，单击"确认"按钮，进入"查询条件选择—委外到货单列表"窗口。或者，在"采购入库单"窗口中，直接单击"生单"下拉列表，选择"委外到货单（蓝字）"，进入"查询条件选择—委外到货单列表"窗口。

图 6-14 新增委外入库单

(2) 在"查询条件选择"窗口中单击"确定"按钮后，进入"委外到货入库生单列表"窗口，如图 6-15 所示，选择上方表头中要入库的到货单和下方表体中的料品，单击工具栏中的"确定"按钮，于是，所选到货单的信息即被带进入库单中。

图 6-15　到货单生单列表窗口

(3) 补充输入入库仓库为"半成品仓库"，单击"保存"按钮，即完成委外入库单的生成工作，如图 6-16 所示。

图 6-16　生成委外入库单

(4) 在采购入库单窗口中，单击工具栏上的"审核"按钮，完成对该单据的审核。此时库存现存量数据将被更新。

(5) 通过"业务工作/供应链/库存管理/报表/库存账/现存量查询"功能，可以查询委外物料的库存现存量，如图 6-17 所示。也可以单击工具栏中的"分组"按钮，在"分组方案"弹窗中，双击选择"无分组项展现"，即可查看料品现存量详细信息，如图 6-18 所示。

图 6-17　查询委外物料库存现存量

图 6-18　委外物料库存现存量详细查询

7. 登记专用委外发票

岗位：委外业务员

菜单路径：业务工作/供应链/委外管理/委外发票/专用委外发票

(1) 在"专用委外发票"窗口中，单击工具栏中的"新增"按钮，生成一个新的发票号。

(2) 单击工具栏中的"生单"按钮，选择"委外订单"或者"委外入库单"命令，如图 6-19 所示。

图 6-19　登记专用委外发票（参照委外订单）

(3) 在"查询条件选择"窗口中单击"确定"按钮后，进入"拷贝并执行"窗口，如图 6-20 所示，选择列表中的委外订单和料品，单击工具栏中的"确定"按钮，所选委外订单料品的信息即被带入"委外发票"中，如图 6-21 所示。

图 6-20　生成发票选单列表窗口

图 6-21 填制专用委外发票（参照委外订单）

（4）在委外专用发票窗口中，补充录入发票日期，然后仔细核对发票上的价税合计数据，要与委外订单上的价税合计数据完全一致，检查无误后，单击"保存"按钮，即完成发票的登记录入。

 注意：

- ♦ 若检查发现专用发票的"原币价税合计"项的总和数据与委外订单中的"原币价税合计"项的总和数据不相符，此为专用发票计算时小数误差，只需对"原币价税合计"栏目的任意行修改数据即可，其他数据项会自动推算，保证专用发票的原币价税合计数值与委外订单的原币价税合计数值保持一致。

- ♦ 本实验若参照入库单生成专用委外发票，计算机计算时会出现小数误差，使二者数据不一致。例如，专用发票合计数为 8547.89，与委外订单价税合计 8550 不相符。因此，需要对小数误差进行调整，即对发票中各行的原币价税合计栏目的数值进行修改，使得价税合计总数与委外订单价税合计总数保持一致，然后，再保存委外发票单据。

【系统功能说明】

（1）用户在进行"委外管理"模块上线启用时，需要将上线前委外业务所涉及的未完成业务的期初数据进行整理并录入，便于在信息系统中进行后续的业务处理，以保持系统数据的连贯性和一致性。设置期初数据，有利于缩短信息系统上线模拟磨合时间。

委外业务涉及的期初业务数据包括以下几种情况。

① 期初委外发票：记载已开票但未收回的加工品。

② 期初已记账、已发出未核销的材料：表示尚在委外商处已记账但未核销的材料，将直接用于材料的核销，确认回收，不影响库存期初量。

这种情况通过期初委外材料出库单进行处理。期初材料出库单：记载期初尚在委外商处，已记账，但因未完工，尚未收回，无法核销的委外发出材料。系统正式启用后，待其加工完成收回入库后，可直接参与材料的核销处理。

③ 期初已核销、已暂估收回的委外加工品：表示委外商已经加工完成并返还的加工品，该加工品已进行材料核销，已暂估收回，但尚未取得委外商的委外发票，而不能进行委外品加工费用的结算。

- 这种情况通过录入期初委外入库单进行处理。期初委外入库单是用于让用户录入在未启用"委外管理"之前的已经与材料核销过，且已经暂估过加工费但未进行加工费结算的入库单。
- 手工新增的期初入库单不参与核销，不进行成本卷积。
- 对于手工新增的期初入库单，结算后，在"存货核算"系统中，通过"结算成本处理"确认存货成本。

(2) 期初数据录入完成后，进行期初记账，期初记账后，不允许再录入期初数据。
- 期初记账后不能再增加期初入库单。
- 期初委外入库单保存不影响库存，并且不需要审核，在期初记账后不允许再修改。
- 委外管理系统进行期初记账以后，存货核算才能进行期初记账。而且只有进行期初记账以后，才能进行委外加工费结算和核销。

【思考题】

如何理解委外业务？查询委外订单的收发情况及委外料品的结存明细资料，并做委外业务分析。

第 7 章

生产业务

7.1 业务概述

7.1.1 功能概述

生产管理系统是针对自制料品的加工生产而进行管理的,自制料品的生产管理包括制订生产计划并核发可执行的生产订单,然后根据生产订单进行领料、加工生产、完工入库等作业。因此,本系统将针对与制造活动有关的生产订单进行计划、锁定、审核、备料、关闭等作业的管理,协助企业有效掌握各项制造活动的信息,以达到如下目的。

(1) 针对主生产计划及物料需求规划生成的建议生产量,提供分批计划功能,或者手动建立生产订单资料,使生产计划作业更具弹性。
(2) 提供生产订单的锁定和审核功能,有效控制计划执行过程。
(3) 提供各种角度的跟催资料,有效掌握生产进度。
(4) 提供生产订单缺料模拟分析,作为调整生产进度的参考。
(5) 提供按生产订单设定特殊用料功能,供替代料及特殊用料使用。
(6) 提供生产订单用料分析,以有效掌握各生产订单的用料及成本差异资料。

本实验主要应用"生产制造"子系统中的"生产订单"模块及"库存管理"子系统的出入库功能模块,对生产订单业务进行处理,完成生产订单的生成、生产领料、生产完工入库的工作。

7.1.2 相关子系统功能模块之间的关系

生产订单与其他子系统之间的关系，如图 7-1 所示。

图 7-1 生产订单与其他子系统之间的关系

7.1.3 应用准备

(1) 建立账套：在新建账套时选择工业版，并设置单位信息、分类编码方案、数据精度等。

(2) 系统启用：在新建账套后，设置启用"生产订单"系统。

(3) 用户及其权限管理：在完成用户管理的基础上，对操作员权限进行设置。

(4) 基础档案设置：包括设置部门档案、职员档案、存货分类、计量单位、存货档案、仓库档案、自定义项、生产制造参数、工作日历、工作中心等系统公用资料。

(5) 单据设置：用户可以对"生产订单"系统的所有单据进行格式设置、编号设置。

(6) 基本资料维护：使用"生产订单"系统处理生产订单之前，对"生产订单类别资料、物料生产线关系资料"等基础资料进行设置。

(7) MPS、MRP 规划已完成。

7.2 系统业务流程

7.2.1 日常业务流程

生产业务流程，如图 7-2 所示。

图 7-2 生产业务流程

7.2.2 主要业务内容

1. 手动输入生产订单

手工输入标准与非标准生产订单资料,并可修改、删除和查询按 MPS、MRP、BRP 规划自动生成的锁定状态的生产订单及其子件供需资料。

2. 手动输入重复计划

对需要重复制造的物料进行供需计划安排,是按照日产量来计划的一种生产订单。事先要在"存货档案"的 MPS/MRP 选项卡中对物料设置为"重复计划"。

3. 自动生成生产订单

核查并确认 MPS、MRP、BRP 所产生的建议自制(或委外)量,并由此自动生成生产订单,以便进一步执行加工处理活动。

4. 自动生成重复计划

从 MPS、MRP、BRP 计算产生的建议生产量，自动生成重复计划的生产订单。

5. 处理生产订单

从销售订单、生产订单、生产线、生产部门的角度，审核、弃审、关闭、还原生产订单，并可执行产品入库报检作业。

6. 按生产订单领料

制造部门依据生产订单领料单到仓库领料，仓管员录入领料单的内容，以便准确计算物料库存。

7. 产品完工入库

制造部门生产的料品加工完成以后，应该立即入库，由仓管员及时录入产成品入库单，并及时更新各物料的现存量。

8. 产品退制

对已入库产品中的不合格品退回车间返修，待修理合格后再进行入库处理。

7.3 实验六 生产业务

【实验目的】

了解企业生产加工业务的流程，理解生产订单的作用，掌握生产订单管理的操作。

【实验要求】

以操作员身份进入系统进行操作。

【实验资料】

1. **实验数据准备**

(1) 修改系统时间为"2019-09-09"。
(2) 引入"生产订单数据准备"数据账套。

2. **实验资料**

(1) 根据 MPS 和 MRP 规划的结果，生成生产订单。

(2) 对生成的生产订单进行审核。

(3) 打印生产订单通知单。

(4) 打印生产订单领料单。

(5) 按生产订单进行领料。

(6) 制品加工完成以后进行完工入库。

(7) "电子挂钟"入库后有 5 个不合格，需要退制，返回车间维修。

(8) 退制 5 个"电子挂钟"。

(9) 经过生产车间修理后，5 个"电子挂钟"全部合格，再次办理入库手续。

【操作指导】

1. 自动生成生产订单

岗位：生产计划人员

菜单路径：业务工作/生产制造/生产订单/生产订单生成/生产订单自动生成

(1) 选择"生产订单自动生成"菜单命令，弹出"查询条件选择"窗口，单击"确定"按钮，系统自动列示符合要求的订单资料，即生产订单明细资料列表，如图 7-3 所示。

图 7-3　生产订单明细资料列表

(2) 双击表体行的"选择"栏位，即选中所要生成的生产订单，或单击"全选"按钮选中所有订单，单击"修改"按钮，最后单击"保存"按钮，即可完成生产订单的自动生成操作，完成所有生产订单的自动生成后，表体中的记录为空。

注意：

- 若要修改或删除经本作业自动生成而未审核的生产订单资料，可在"生产订单手动输入"作业中进行删除或修改，删除后可以重新生成生产订单。
- 本作业生成的生产订单，其类型为标准生产订单，状态为"锁定"，表明在重新进行 MPS、MRP 计算时，不会对"锁定"状态的生产订单产生影响，起到保护作用。生产订单的"状态"取决于"生产制造参数设定"功能中对参数的设置，可以改为"未审核"状态。

◆ 本作业不可生成 ATO(面向订单装配)的生产订单。
◆ 各生产订单以其开工日期默认主物料清单及主工艺路线版本号，若无工艺路线则无默认值。可以手动修改系统默认的物料清单和工艺路线版本(或改为替代物料清单和工艺路线)，若无主要或替代物料清单，则该生产订单无法自动生成。
◆ 系统按默认的主要物料清单及主工艺路线版本，自动产生生产订单的子件需求资料。执行"生产订单手动输入"功能，单击工具栏中的"子件"按钮，则列示出相应子件的用料资料，通过翻页逐一查看每个物料的子件情况，如图 7-4 所示。

图 7-4　查询子件资料

2. 审核生成的生产订单

岗位：生产部门主管

菜单路径：业务工作/生产制造/生产订单/生产订单处理/生产订单整批处理

(1) 双击"生产订单整批处理"菜单命令，弹出"查询条件选择"窗口，完工时间修改为"2019-9-20"，单击"确定"按钮，系统自动生成将要处理的生产订单明细列表，如图 7-5 所示。

(2) 双击"选择"栏位，选中需要处理的生产订单，然后单击"审核"按钮进行审核，审核完成后显示审核结果报告，单击"确定"按钮后，"生产订单整批处理"窗口的记录行中将不再显示该物料的记录，表明该生产订单已审核完成。同理，完成所有生产订单的审核工作。

(3) 已审核过的生产订单可以在"已审核生产订单修改"模块中修改订单内容。

图 7-5 审核生产订单

3. 打印生产订单通知单

岗位：生产计划人员

菜单路径：业务工作/生产制造/生产订单/报表/生产订单通知单

如图 7-6 所示，可以有四种选择方式。生产订单通知单可以按生产订单明细表和生产订单等方式打印，以便通知制造部门做生产准备。生产订单明细表如图 7-7 所示，生产订单通知单如图 7-8 所示。

图 7-6 生产订单通知单打印选择

图 7-7 生产订单明细表

图 7-8　生产订单通知单

4. 打印生产订单领料单

岗位：生产计划人员

菜单路径：业务工作/生产制造/生产订单/报表/生产订单领料单

若按照生产订单分别领料，则在过滤条件中输入生产订单编号，即可形成该生产订单的领料单。若对全部生产订单进行领料，则不必输入过滤条件。

操作结果如图 7-9、图 7-10 所示。

图 7-9　生产订单领料单打印选择

图 7-10　生产订单领料单

5. 按生产订单领料

岗位：仓库/仓管员

菜单路径：业务工作/供应链/库存管理/出库业务/材料出库单

（1）在"材料出库单"窗口中，单击工具栏上的"生单"按钮，选择"生产订单(蓝字)"命令，如图 7-11 所示。

图 7-11　生产订单领料操作

（2）在"查询条件选择—父项过滤条件"窗口中单击"确定"按钮，进入"生产领料出库生单列表"窗口，此时，选择父项的物料后，在下方显示出其子项内容，单击"确定"按钮，所选物料的信息即被带入材料出库单中，如图 7-12 所示。

图 7-12　订单生单列表

（3）如图 7-13 所示，补充输入仓库等信息后，单击"保存"按钮，完成该生产订单的生产领料工作。

图 7-13 生成材料出库单

(4) 在"材料出库单"窗口中,单击工具栏上的"审核"按钮,完成审核工作。

> **注意:**
>
> ◆ 先完工的物料需要先开工先生产,因而先领料。根据 BOM 结构,必须按照产品的生产加工顺序,经过领料—完工入库—再领料—再完工入库,逐道工序进行加工,直至生产出产成品为止。
>
> ◆ 材料出库单可以手工增加,也可以参照"生产订单"的生产订单用料表生成,可以配比出库,或根据限额领料单生成;材料出库单还可以在产成品入库单、采购入库单、生产订单工序转移单保存后由系统自动生成;倒冲仓库盘点的盘点单审核后可自动生成材料出库单。
>
> ◆ 材料出库单可以修改、删除、审核、弃审,但根据限额领料单生成的材料出库单不可修改、删除;自动倒冲或盘点补差生成的材料出库单不允许删除;自动倒冲或盘点补差生成的材料出库单根据倒冲材料出库单自动审核设置后方可自动审核。
>
> ◆ 根据"选项"中的"修改现存量时点"设置,材料出库单保存和审核后将更新现存量。

6. 完工产品入库并查询现存量

岗位:仓库/仓管员
菜单路径:业务工作/供应链/库存管理/入库业务/产成品入库单
菜单路径:业务工作/供应链/库存管理/报表/库存账/现存量查询
(1) 在"产成品入库单"窗口中,单击工具栏上的"生单"按钮,选择"生产订单(蓝字)"命令,如图 7-14 所示。

图 7-14 产成品入库操作

(2) 在"查询条件选择—生产订单列表"窗口中,单击"确定"按钮,进入"生产订单入库生单列表"窗口,选中要入库的生产订单和窗口下方的物料,单击"OK 确定"按钮,所选物料的信息即可带入产成品入库单中,如图 7-15 所示。

图 7-15 生产订单生单列表

(3) 补充填写其他栏目信息后,单击工具栏上的"保存"按钮,即完成产成品入库单的录入工作,如图 7-16 所示。

图 7-16 生成产成品入库单

(4) 单击工具栏上的"审核"按钮,完成审核工作,即完成了一个料品的加工生产过程。

(5) 返回"5.按生产订单领料"步骤,对 BOM 中的各级自制料品,反复经过领料、加工生产、完工入库的环节进行处理,即可完成所有物料的加工生产工作,最终将产成品加工生产完成。

(6) 通过"业务工作/供应链/库存管理/单据列表/产成品入库单列表"功能,可以查询到产品入库的顺序(双击"入库单号"由小到大排序),如图 7-17 所示。

图 7-17 查询产成品入库单

(7) 通过"业务工作/供应链/库存管理/报表/库存账/现存量查询"功能,可以查询库存现存量数据资料,如图7-18所示。

图 7-18 查询现有库存量

注意:

在操作生产领料和生产加工完工入库时,领料和完工入库这两项功能需按照工序流程反复交替进行,并遵循下列原则。

- ◆ 完工日期在前的料品先生产,先领料。领料后,进行加工制作,完成后对完工产品进行入库处理,由"产成品入库单"功能进行入库处理。
- ◆ 按照 BOM 结构的层次顺序或者工序,进行领料,然后加工生产、完工入库。这样,经过各个工序的领料、加工生产、完工入库操作的多次循环,最终生产出产成品。
- ◆ 若不按顺序进行领料和产品入库,会导致缺料,以致无法生产出最终产品。例如:若生产某一种产品,第一步,应领取生产该产品所需要的物料,如生产"字模"先要领取的物料是"薄膜",即做"薄膜"的材料出库单;第二步,"字模"加工完成后,将"字模"入库,即做"字模"的产成品入库单。以此类推,依据 BOM 结构图由下而上的顺序将其他物料进行生产领料和完工入库,直至"电子挂钟"成品完工入库为止。

7. 对入库后的不合格产品进行退回返修

岗位:仓库/仓管员

菜单路径:业务工作/供应链/库存管理/不合格品/不合格品记录单

菜单路径:业务工作/供应链/库存管理/不合格品/不合格品处理单

(1) 双击"不合格品记录单"菜单命令,进入"不合格品记录单"窗口,"转入仓库"选择"现场仓库","转出仓库"选择"成品仓库","入库类别"选择"其他入库","出库类别"选择"其他出库","部门名称"选择"生产部","存货名称"为"电子挂钟","数量"为"5",即完成不合格品的记录,保存单据并进行审核操作,如图7-19所示。

图7-19 不合格品记录单

(2) 双击"不合格品处理单"菜单命令,单击"增加"按钮,输入仓库及不合格品数量等信息,对不合格品进行"返修"处理,如图7-20所示。对保存后的单据要进行审核操作。

图7-20 不合格品处理单

> **注意：**
> - 企业外购或生产完工对产品进行检验后，如果发现不合格品，对于严重不合格不能再使用的料品可立即销毁；对于可作为不合格品继续使用或等待以后处理的不合格品可先办理入库，记入不合格品备查簿，与合格品分开进行专门保管。对于在存货保管过程中，由于保管不善或其他原因产生的不合格品，也要登记不合格品备查簿，以便进行相应的处理。
> - 通常企业对不合格品的处理方法有如下三种。
>   • 将不合格品返回车间进行加工维修，然后作为合格品再进行产成品入库。
>   • 将不合格品出售给废品回收公司。
>   • 将不合格品直接销毁，如医药行业。
> - 若不合格品处理方法的资料可以通过"基础设置/基础档案/常用摘要"事先输入，则"不合格品处理单"的"处理方式"栏位可选择输入。
> - 不合格品记录单的手工填制。当与"质量管理"模块集成使用时，不合格品记录单可以参照来料不良品处理单、产品不良品处理单、在库不良品处理单、发货不良品处理单、退货不良品处理单生成。

8. 退制并查询库存量

岗位：仓库/仓管员

菜单路径：业务工作/供应链/库存管理/出库业务/其他出库单

菜单路径：业务工作/供应链/库存管理/报表/库存账/现存量查询

(1) 对退制的料品填制"其他出库单"，保存后还需对单据进行审核，如图 7-21 所示。

图 7-21 其他出库单

(2) 填制完成"其他出库单"后，即完成不合格产品的出库处理，把"不合格品记录单"和"不合格品处理单"弃审删除后,通过查询库存现存量观察库存量的变化,如图 7-22 所示。

图 7-22 查询仓库现有库存量

9. 对返修后合格的料品再次办理入库手续

岗位:仓库/仓管员

菜单路径:业务工作/供应链/库存管理/入库业务/产成品入库单

在"产成品入库单"窗口中,手工输入入库料品信息,保存后进行审核,如图 7-23 所示,即完成不合格产品的返修合格入库处理,通过查询库存现存量观察库存量的变化,如图 7-24 所示。

图 7-23 返修产品重新入库

图 7-24　查询仓库现有库存量

【系统功能说明】

(1) 先完工的料品先生产，因而先领料。要按照产品的生产加工顺序，经过领料、加工、完工入库，再领料、再加工、再完工入库，逐层加工，直至生产出成品。

(2) 若其中某料品需要由车间按工序进行加工生产，则该料品就不能按生产领料的方式进行领料生产了，应该在车间管理中对料品进行工序规划，按第一道工序进行领料、加工直至完工，中间工序没有领料处理，而是以转移单的形式进行加工和工序转移，最后一道工序才制作产成品入库单，表示料品加工完成入库。

(3) 若全部自制品都要使用车间管理的模块进行操作，则先在"生产订单"模块中生成生产订单，然后由"车间管理"模块按照生产订单生成工序计划，再按照加工的顺序进行领料、加工、工序转移，直到最后一道工序。由"库存管理"模块中的"产成品入库单"进行某料品的完工入库。

(4) 若不使用车间管理进行工序生产，则生产中只需按照生产领料的方式，领取物料，然后完工入库即可。

(5) 生产订单又称制造命令或工作订单，它主要表示某一物料的生产数量，以及计划开工和完工日期等信息。它是现场自制派工或领料的依据，企业的生产管理或物料管理通常以生产订单为中心，以控制其产能利用、缺料、效率、进度等情形。

"生产订单"包括标准、非标准(返工、维修、改制、拆解、新品等)生产订单和按生产线建立重复性生产计划的生产订单。MPS 和 MRP 系统不会为非标准生产订单建立计划订单(建议生产量)，必须人工建立非标准生产订单；重复制造生产订单可以手工建立生产订单，也可以从 MPS 或 MRP 或 BRP 计算产生的建议生产量自动生成重复计划的生产订单。

(6) 生产线：在本系统中，一条生产线即可定义为一个工作中心。它是制造部门内部的一个区域，可以由一个或多个人员、设备或供应商组成。在工作中心内可以收集成本以比较能力负荷。可以将工作中心指定到工艺路线中的某道工序，并指定可用于该工作中心的资源。可以通过生产线来管理重复性生产。可以在一条或多条生产线上生产同一个物料，也可以在一条生产线上生产单一物料或多个物料。

(7) 重复计划：在本系统中，重复计划是一种生产订单，但其表示方式和内容不同。重复计划是根据日产量及起始和结束日期而非某一时点的离散数量对物料需求或供应进行的计划。虽然重复计划与离散计划有许多相似之处，但其中仍有显著的区别：重复计划是使用日产量进行定义的，它表示重复计划起始和终止日期之间每个工作日的供应量。而离散计划则是使用离散数量进行定义的，为计划订单定义的离散数量仅表示计划订单计划完工日的供应量。

(8) 生产订单有以下四种状态。
- 未审核：未审核的生产订单不能进行任何库存交易作业(领/退料、入/退库)，不能执行报检、转车间处理。在 MPS 和 MRP 计算时不考虑。
- 锁定：锁定状态的生产订单不能进行任何库存交易作业(领/退料、入/退库)，不能执行报检、转车间处理。但将纳入 MPS 和 MRP 计算之中。
- 审核：审核状态的生产订单为可执行订单，可以进行库存交易作业(领/退料、入/退库)，可以报检、转车间处理。将纳入 MPS 和 MRP 计算之中。
- 关闭：关闭状态的生产订单不可进行任何库存交易作业(领/退料、入/退库)，不可报检、转车间处理。在 MPS 和 MRP 计算时不考虑。

【思考题】

手工输入一张生产订单："电子挂钟"数量 800 个，要求完工日期为 9 月 22 日。对它进行生产领料、加工制作、完工入库、查询现存量等操作。

第 8 章

车间管理

8.1 业务概述

8.1.1 功能概述

本实验根据生产订单编制工序计划，按照物料工艺路线进行首道工序领料，通过工序转移完成中间工序的加工生产，直到完成末道工序，最后料品完工入库。

车间管理模块的使用为本教程实验的可选项，若开展该实验，则领料业务需要按照工序领料方式进行；若不开展该实验，则领料按生产领料方式进行。

生产车间是企业进行产品制造加工的单位。车间管理的具体内容包括随时了解与掌握产品的加工进度和完工状况，生产现场的用料和不良品的情况，以及必要的生产调度，以确保能适时完成生产订单的计划要求；统计各生产订单各完工工序的实际加工工时、用料情况、不良品情况，提供给生产管理部门和财务部门计算料品成本。

本系统根据设置的自制品的加工工艺路线(Routing)制订车间工序(Operation)计划，可作为产能管理、产品报价模拟的依据；通过车间事务处理，可随时掌握生产订单各工序在制品的状态和完工状况，支持工序倒冲领料，收集生产订单各工序的实际工时以作为成本计算的依据，自动产生工序报检并随时掌握工序质量状况；可与工程变更系统集成，支持工艺路线的工程变更过程管理。

使用时应注意以下几个方面。
- 若企业不使用车间管理系统的功能，则生产中只需按照生产领料的方式领取物料，然后完工入库即可。
- 企业使用车间管理系统的功能来管理料品的加工生产时，如果全部自制品都需要使用车间管理模块进行加工生产处理，那么，首先在"生产订单"模块中生成某自制品的生产订单，然后由"车间管理"模块针对该生产订单生成物料的工序计划，再按照工序进行领料、加工，一道工序料品加工完成后，将这道工序的料品通过工序转移单转移到下一道工序，直到最后一道工序的料品加工完成为止，最后将该物料在"库存管理"模块中按产成品进行入库。注意，要遵照先开工的料品先领料、先加工、先入库的顺序进行工序生产，逐级生产。
- 若其中一部分物料需要由车间按工序进行加工生产，则这些物料需要按照工序进行领料生产，操作原理同上所述。当这些物料完工入库以后，在库存中即可查询到它们的现存量，当其他物料加工生产时即可以领用它们。其他物料仍按生产领料的方式进行领料生产，直到最终产品生产完成。

8.1.2 相关子系统功能模块之间的关系

车间管理与其他子系统之间的关系，如图 8-1 所示。

图 8-1 车间管理与其他子系统之间的关系

在"生产订单"的"已审核生产订单修改"模块中维护生产订单的工艺路线时，可选择"车间管理"模块所建立的主要工艺路线版本或替代工艺路线；通过"车间管理"中"生产订单工序计划生成"作业将生产订单转入车间管理系统，以产生生产订单的工序计划资料；修改已审核的生产订单后，会立即更新该生产订单的工序资料；"车间管理"中修改生产订单工序资料后，会更新生产订单开工和完工日期及其子件需求日期。

"车间管理"模块中的物料工艺路线中各工序的关键资源资料可转入"产能管理"模块，产生粗能力需求计划或资源需求计划所需的资源清单，以及"车间管理"模块中的工艺路线及生产订单工序资料，是"产能管理"进行细能力需求计划的依据。

在用"车间管理"模块的工序转移单进行物料移动时，由"库存管理"模块按照生产订单输入产成品入库单时，"车间管理"将传递该生产订单末道工序"合格"状态数量给库存管理系统，作为其入库数量的默认值，当保存该产品入库单时，将减少所对应工序上"合格"状态数量，如果删除产成品入库单或输入产品退库单，则按入、退库的数量来增加所对应工序上"合格"状态的数量。

对于具有倒冲属性的物料，在用"车间管理"模块的工序转移单进行物料移动时，也可自动产生倒冲子件的领、退料单资料，并转入"库存管理"模块。

"质量管理"模块中可以设置"质量检验方案"对工序要求进行质量检验,"车间管理"中若生产订单的某一工序为检验工序,则在物料被移入"检验"工序状态时,该工序转移单可自动产生报检单,或者由"质量管理"模块参照移入"检验"工序状态的工序转移单生成报检单。

"工程变更"模块可以建立各版本的物料工艺路线,传递给"车间管理"系统,也可以对"车间管理"中已建立的工艺路线进行复制或变更修改。

"车间管理"模块中物料的工艺路线,可供"售前分析"模块模拟产品标准成本和报价使用,还可供"成本管理"模块计算产品标准成本使用。"车间管理"模块中生产订单工序的完工工时,可作为"成本管理"模块计算产品实际成本的依据。

8.1.3 应用准备

在启用"车间管理"模块之前,必须先启用"生产订单"模块。需要准备的基础资料包括如下五个方面。

(1) 工作中心资料。
(2) 资源资料。
(3) 标准工序资料。
(4) 物料工艺路线资料。
(5) 已完成的生产订单计划。

8.2 系统业务流程

8.2.1 日常业务流程

车间管理日常业务处理流程,如图 8-2 所示。

8.2.2 主要业务内容

1. 工作中心的资料维护

建立企业的工作中心,确定其工作范围和任务,以便满足收集成本、核销制造费用、分析产能负荷、划分工序、分配资源等业务的要求。通常将完成相同或相近任务的工作单元划分为同一工作中心。工作中心可以是企业内的一个区域,它由一个或多个人员、设备或供应商组成。可以将工作中心指定到工艺路线中的每道工序上,并指定可用于该工作中心的资源。因此,工作中心

图 8-2 车间管理日常业务处理流程

的含义可以是：①用于生产产品的生产资源(如机器、人、设备等)，是各种生产或加工单元的总称。②一台设备、一组功能相同的设备、一条自动生产线、一个班组、一块装配面积、某种生产单一产品的封闭车间；外协工序对应的工作中心是一个协作单位的代号。③一个加工件的工艺路线中的每一道工序对应一个工作中心。例如，加工表针的工作中心包括线切割加工中心、冲压中心、表面处理中心。

2. 资源资料维护

建立各工作中心主要资源的档案，以便帮助车间管理人员实现对制造要素的控制。

3. 工序资料维护

建立企业所有料品在加工过程中需要进行过程控制的加工工序的资料，例如，加工"长针"由铝材切割、冲压成型、表面处理三道工序完成。

4. 物料工艺路线资料维护

物料工艺路线资料维护用于建立物料与工序及资源之间的关系。它是各项自制件的加工顺序和标准工时定额的文件，也称为加工路线。它是一种计划文件，只说明加工过程中的工序顺序和生产资源等计划信息。例如，"长针"的工艺路线包括铝材切割、冲压成型、表面处理。

5. 生成生产订单的工序计划资料

根据"生产订单"模块中已审核的生产订单，按照物料的工艺路线资料，安排物料的工序计划，包括工序的开工和完工日期、工序资源需求和工序检验资料等。

6. 工序领退料作业

工序领料，即由某工序的加工人员持生产领料单到仓库领取该道工序加工所需的原材料或配件；可以整批领料，即一次性将所有工序所需的料品一次领出，也可以分多次领料。

启用车间管理模块时，对要填制的材料出库单、配比出库单，提供按生产订单子项所属工序领料的功能，以方便用户操作。

7. 工序转移

工序加工是通过工序转移进行的，工序之间转移是指上一道工序加工完成的料品转入下一道工序。一道工序加工完成后，相应地要制作一张工序转移单，直到最后一道工序完成为止。最后一道工序上的合格品数量即作为料品完工的依据。

8. 工时记录

在按各工序加工过程中，根据工序转移单可以生成工时记录单，以统计生产订单工序各班次、设备或员工的实际完工数量及耗用工时。

9. 工序生产完工和在制情况查询

车间管理模块为生产管理人员提供车间加工数据的查询，以便及时掌握生产订单的加工进度，了解料品的消耗情况，对生产订单的加工过程进行控制。

10. 制品完工入库

料品经过各道工序的加工处理后生产完成，要进行入库处理，即填制产成品入库单。

11. 制品入库/退制

加工完成的料品应做完工入库处理。若料品不合格或其他原因，可以做退制出库处理。

8.3 实验七 车间管理

【实验目的】

了解车间管理的日常业务处理过程，理解车间管理的作用，掌握车间管理的功能操作。

【实验要求】

以操作员身份进入系统进行操作。

【实验资料】

1. 实验数据准备

(1) 修改系统时间为"2019-09-09"。
(2) 引入"车间管理数据准备"数据账套。

2. 实验资料

(1) 设置生产长针的工作中心，资料如表 8-1 所示。

表 8-1 生产长针的工作中心资料

工作中心代号	工作中心名称	隶属部门	是否生产线
0010	线切割加工中心	生产部	是
0020	冲压中心	生产部	否
0030	表面处理中心	生产部	否

(2) 设置生产长针的资源,资料如表 8-2 所示。

表 8-2　生产长针的资源资料

资源代号	资源名称	资源类别	计费类型	隶属工作中心	工作中心名称	计算产能	可用数量	超载百分比/%	关键资源
0001	线切割机床	机器设备	自动	0010	线切割加工中心	是	2	110	是
0002	精密冲压模具	模夹具	自动	0020	冲压中心	是	3	110	是
0003	高级技工	人工	自动	0030	表面处理中心	是	6	110	是

(3) 设置生产长针的标准工序,资料如表 8-3 所示。

表 8-3　生产长针的标准工序资料

项　　目	内　　容		
工序代号	0001	0002	0003
工序说明	铝材切割	冲压成型	表面处理
报告点	是	是	是
工作中心	0010	0020	0030
倒冲工序	否	否	是
委外工序	否	否	否
选项相关	否	否	否
计费点	是	是	是
检验方式	免检	免检	免检
行号	10	10	10
资源代号	0001	0002	0003
资源名称	线切割机床	精密冲压模具	高级技工
资源活动	切割	冲压成型	抛光
基准类型	物料	物料	物料
工时(分子)	1	1	1
工时(分母)	60	60	1
是否计划	是	是	是
计费类型	自动	自动	自动

(4) 设置长针的加工工艺路线及资源,资料如表 8-4 所示。

表 8-4　长针的加工工艺路线及资源资料

工序行号	标准工序	工序说明	报告点	工作中心	资源名称	资源数量	工时（分子）	工时（分母）	计费类型
0010	0001	铝材切割	是	线切割加工中心	线切割机床	2	1	60	自动
0020	0002	冲压成型	是	冲压中心	精密冲压模具	3	1	60	自动
0030	0003	表面处理	是	表面处理中心	高级技工	6	1	1	自动

(5) 根据"长针"的生产订单，制订"长针"的工序计划。

(6) 按照"长针"的工序计划进行领料——领用铝材。

(7) 进行工序转移：将第一道工序加工的"长针"移入下一道工序，直至最后一道工序完工为止。

(8) "长针"加工完成后进行完工入库，并查询库存现存量。

(9) 工序生产完工的资料查询。

(10) 制品退制处理。

【操作指导】

1. 工作中心资料维护

岗位：车间管理人员

菜单路径：基础设置/基础档案/业务/工作中心维护

双击"工作中心维护"菜单命令，进入"工作中心维护"界面，单击"增加"按钮，输入工作中心资料，完成后保存即可，操作结果如图 8-3 所示。

图 8-3　工作中心维护

2. 资源资料维护

岗位：车间管理人员

菜单路径：基础设置/基础档案/生产制造/资源资料维护

双击"资源资料维护"菜单命令，进入"资源资料维护"界面，单击"增加"按钮，输入资源资料，完成后保存即可，操作结果如图 8-4 所示。同理，输入所有资源资料。

图 8-4　资源资料维护

3. 标准工序资料维护

岗位：车间管理人员

菜单路径：基础设置/基础档案/生产制造/标准工序资料维护

双击"标准工序资料维护"菜单命令，进入"标准工序资料维护"窗口，单击"增加"按钮，输入工序所需资源及标准单位工时等资料，完成后保存即可，操作结果如图 8-5 所示。同理，输入其他工序资料。

图 8-5　标准工序资料维护

注意：

- ♦ 基准类型：选择"物料"表示将使用资源的单位工时乘以母件的生产数量来对资源进行负载计算；选择"批次"表示资源负载不随母件加工数量而变动，即每个生产订单对该资源的负载占用是固定的(如模具安装)。
- ♦ 在定义工序资源时，资源计划属性(即"是否计划"设置)有四种选项：是、否、同上工序结束、同下工序开始。默认为"是"。
  - 是：表示该资源参与该工序计划计算。
  - 否：可以将资源指定到工序，但不能对其进行工序计划。如零件加工过程，同时使用人工和机器两项资源，但假设人工资源不是影响该工序加工时间的关键资源，因此不必对人工资源进行计划，但它可能要计算负载和成本等。
  - 同上工序结束：表示该工序资源与上道工序同时结束。如上道工序为车加工，本道工序为磨加工，在上道工序结束时，本道工序第一项计划资源"模具安装"结束，则本道工序"模具安装"便可设为"同上工序结束"。
  - 同下工序开始：表示该工序资源与下道工序同时开始。如本道工序为磨加工，下道工序为检验，在本道工序"模具拆卸"开始时，下道工序也同时开始，则本道工序"模具拆卸"资源便可设为"同下工序开始"。
- ♦ 计费类型：选择"手动"表示在建立工时记录单时，该工序资源必须手动输入完工工时；选择"自动"则表示系统可自动按该工序资源的标准工时计算完工工时。

4. 物料工艺路线资料维护

岗位：车间管理人员

菜单路径：基础设置/基础档案/生产制造/工艺路线资料维护

(1) 在"工艺路线资料维护"窗口中，单击"增加"按钮，输入表头信息，在表体中输入工序资料，单击"保存"按钮，操作结果如图 8-6 所示。

图 8-6 物料工艺路线资料的维护

(2) 对料品的加工工序资料输入完成后，选择表体某工序记录行，在该行右击，在弹出的快捷菜单中选择"资源资料维护"命令，进入"工艺路线资源资料维护"窗口，可对该工序所使用的资源情况进行维护，如图 8-7 所示，此处录入的资源数量和工时数据也是产能计算的依据。若选择"检验资料维护"命令，可以设定该工序的检验标准。

图 8-7　工艺路线资源资料维护

(3) 输入完成后，单击"保存"按钮，即完成工艺路线资料的维护工作。

注意：

- 基准类型：选择"物料"。
- 计费类型：选择"自动"。
- 在定义工序资源时，"是否计划"设置有四种选项：是、否、同上工序结束、同下工序开始。详见"标准工序资料维护"。

5. 根据"长针"的生产订单制订"长针"的工序计划

岗位：车间管理人员

菜单路径：业务工作/生产制造/生产订单/生产订单处理/已审核生产订单修改
菜单路径：业务工作/生产制造/车间管理/生产订单工序计划/生产订单工序计划生成
菜单路径：业务工作/生产制造/车间管理/生产订单工序计划/生产订单工序资料维护

(1) 在"已审核生产订单修改"界面中，单击"修改"按钮，对表体记录行中"长针"的"工艺路线选择"栏位选择输入其"主工艺路线"，"工艺路线版本号"输入 10，表明长针的生产订单是按照该主工艺路线在车间进行加工生产的，其余记录行"工艺路线选择"栏位选择"不选"。依次选择可以生成长针的工序计划,单击"保存"按钮完成修改,结果如图 8-8 所示。

图 8-8　指定料品的主工艺路线版本

(2) 双击"业务工作/生产制造/车间管理/生产订单工序计划/生产订单工序计划生成"菜单命令,进入"生产订单工序计划生成"界面,在"查询条件选择"窗口中,单击"确定"按钮,进入"生产订单工序计划生成"窗口,表体显示料品的生产订单列表,选择"长针"所在记录行的生产订单,单击"生成"按钮,执行完成后显示结果提示窗口,如图 8-9、图 8-10 所示。

图 8-9　生产订单工序计划生成

图 8-10 结果提示窗口

(3) 双击"业务工作/生产制造/车间管理/生产订单工序计划/生产订单工序资料维护"菜单命令,显示生产订单工序资料列表,即为"长针"的工序计划,此处可以进行修改,如图 8-11 所示。在查询状态,单击工具栏中的"重排"按钮,可对该生产订单行(状态为已审核、未关闭)重新生成工序计划。

图 8-11 长针的工序计划资料

> **注意:**
>
> ◆ 已审核的生产订单必须事先指定主工艺路线版本或替代工艺路线标志,否则无法转入本系统。可以在审核生产订单时,对料品选择好它的主工艺路线和版本号,或者在"已审核生产订单修改"窗口中修改料品"工艺路线选择"栏位内容为"主工艺路线",并输入其版本号。

- 已转车间管理系统的生产订单不可利用本作业重复转入。
- "基础设置/基础档案/生产制造/生产制造参数设定"中的"生产订单排程类型"选项,可作为建立生产订单时的默认值,表示生产订单转车间管理时工序计划的生成方式。默认为"不排程",可修改。若选择"顺推"或"逆推",则按照指定的工艺路线,对标准或非标准生产订单按各工序工作中心资源需求和产能比较,计划生产订单工序的开工和完工日期;若选择为"不排程",则系统默认各工序日期分别等于生产订单的开工和完工日期。
  - "顺推"是以依生产订单的"开工日期"为第一工序的开工日期,然后按每一工序的资源用量及资源产能比较而推算以后各工序的完工日期。
  - "逆推"是以生产订单的"完工日期"为最后工序的完工日期,然后往前推算每一工序的开工日期与完工日期。
- 在生产订单工序计划生成后,即可打印"生产订单工序派工单",作为生产派工时交给现场加工单位执行的凭单;还可打印"工序完工异常状况表",以掌握生产订单工序计划异常情况。

6. 生产订单工序的领料

岗位:仓库/仓管员

菜单路径:业务工作/供应链/库存管理/出库业务/材料出库单

(1) 在"材料出库单"窗口中,单击工具栏上的"生单"按钮,选择"工序领料(蓝字)"命令,如图8-12所示。或者,在"材料出库单"窗口中,单击工具栏上的"增加"按钮,生成一个新的出库单号,单击表头"订单号"栏位的"…"图标,弹出"生单来源"窗口,选择"工序领料",单击"确认"按钮,如图8-13所示。

图8-12 工序领料操作

图 8-13　录入材料出库单——工序领料

(2) 在"查询条件选择"窗口,输入"材料名称"栏位的物料名称"铝材"到"铝材",单击"确定"按钮,进入"订单生单列表——工序领料"窗口,选择料品后,单击"OK 确定"按钮,所选料品的信息即被带入"材料出库单"中,如图 8-14 所示。

图 8-14　订单生单列表——工序领料

(3) 如图 8-15 所示,补充输入仓库等信息后,单击"保存"按钮,完成生产工序领料。
(4) 单击工具栏上的"审核"按钮,完成审核工作。

图 8-15 生成材料出库单—工序领料

7. 转移工序

岗位：车间管理人员

菜单路径：业务工作/生产制造/车间管理/交易处理/工序转移单(逐笔)

工序之间转移是指上一道工序料品加工完成转入下一道工序，直到最后一道工序完成为止。

(1) 在"工序转移单(逐笔)"窗口中，单击"增加"按钮，生成一个新转移单据号，在"生产订单"栏位选择输入生产订单号，输入移出工序说明为"铝材切割"，移入工序说明会自动带出"冲压成形"，输入加工数量"60"，单击"保存"按钮，即生成第一张转移单，如图 8-16 所示。

图 8-16 工序转移(第一道转第二道工序输入加工数量)

(2) 同理,再新增一个转移单,选择同一张生产订单,移出工序说明为"冲压成形",系统自动带出移入工序说明为"表面处理",输入加工数量"60",单击"保存"按钮,即生成第二张转移单,如图 8-17 所示。

图 8-17　工序转移(第二道转第三道工序输入加工数量)

(3) 同理,再新增一个转移单,选择同一张生产订单,移出工序说明为"表面处理",移入工序说明仍输入"表面处理",输入合格数量,单击"保存"按钮,即生成第三张转移单,如图 8-18 所示。这张转移单中的合格数量作为最后一道工序的完工数量,可以作为库存管理中进行产成品完工入库的依据。此时,表明长针的工序加工作业完成。

图 8-18　工序转移(第三道工序输入合格数量)

(4) 同理，对行号为"6"的生产订单0000000001进行工序转移业务处理，其中"加工数量"及"合格数量"为"390"。

注意：

- 填写最后一道工序的转移单时，移入工序说明要与移出工序说明相同，表示进入最后一道工序的加工。
- 输入生产订单工序转移单后，可打印"工序转移单明细表"供核对用，打印"工序在制状况表"供随时掌握生产订单各工序的在制状况。

8. 查询工序在制状况

岗位：车间管理人员

菜单路径：业务工作/生产制造/车间管理/报表/工序在制状况表

加工长针的三道工序全部完成后，查询结果如图8-19所示。

图8-19　工序在制状况表(三道工序全部完成)

若如图8-18所示的第三道工序转移单的数据没有录入，表明料品工序尚未最终加工完成，则可以查询到的工序在制状况如图8-20所示。

9. 工序转移单整批处理

岗位：车间管理人员

菜单路径：业务工作/生产制造/车间管理/交易处理/工序转移单整批处理

在弹出的"查询条件选择"窗口中，单击"确定"按钮，在"工序转移单整批处理"窗口中，单击工具栏中的"全选"按钮，在每一行都出现"Y"字样后，再单击"生成"按钮，即可将未转工时记录单的工序转移单自动生成工时记录单。

图 8-20 工序在制状况表(第三道工序转移单未录入)

10．查询工时记录单

岗位：车间管理人员

菜单路径：业务工作/生产制造/车间管理/交易处理/工时记录单(汇总式)

在生产订单的"工时记录单(汇总式)"窗口中，可以看到自动生成的"工时记录单"。工时记录单(汇总式)，如图 8-21 所示，该表用于记录生产订单工序的实际完工数量及耗用工时。

图 8-21 工时记录单(汇总式)

> **注意:**
> - 使用"生产订单工时记录单",可以提供生产订单工序各班次、设备或员工的实际完工数量及耗用工时。工时记录单可手动输入,也可在"工序转移单整批处理"作业中,将生产订单工序转移单整批自动生成生产订单工时记录单,整批报检或删除,节省手动输入时间。
> - 可以打印"工时记录单明细表"供核对使用,打印"工序完工统计表"可用于统计生产订单完工数量和工时。

11. 工序生产完工的查询

岗位:车间管理人员

菜单路径:业务工作/生产制造/车间管理/报表/工序完工统计表

查询工序完工统计情况,可从生产订单和工作中心等方面查看工序完工情况,如图 8-22、图 8-23 所示。

图 8-22 工序完工统计表——生产订单

图 8-23 工序完工统计表——工作中心

12. 长针完工入库并查询现存量

岗位：车间管理人员

菜单路径：业务工作/供应链/库存管理/入库业务/产成品入库单

菜单路径：业务工作/供应链/库存管理/报表/库存账/现存量查询

(1) 当已经加工到最后一道工序时，即最后一张工序转移单填写完成并保存后，表明料品所有工序的加工已完成，此时就可以进行完工产品的入库工作。在"产成品入库单"窗口中，单击工具栏上的"生单"按钮，选择"生产订单(蓝字)"命令，如图8-24所示。或者，在"产成品入库单"窗口中，单击工具栏上的"增加"按钮，生成一个新的产成品入库单号，单击表头栏目的"生产订单号"栏位的"…"图标。

图 8-24　长针完工入库操作

(2) 在"查询条件选择"窗口中，单击"确定"按钮，进入"生产订单入库生单列表"窗口，如图8-25所示，选择上方的订单，再选择下方的长针，单击"OK确定"按钮，所选料品的信息即可带入产成品入库单中。

(3) 如图8-26所示，在产成品入库单中补充填写所入仓库等其他栏目信息后，单击工具栏上的"保存"按钮，即可完成长针的完工入库的录入工作。

(4) 单击工具栏上的"审核"按钮，完成审核工作，即完成了长针的全部生产过程。

(5) 通过"业务工作/供应链/库存管理/报表/库存账/现存量查询"功能，可以查询"长针"的库存现存量，库存资料如图8-27所示。

图 8-25　长针订单生单列表

图 8-26　长针完工入库

图 8-27　查询长针库存现存量

13. 制品退制

岗位：仓库/仓管员

菜单路径：业务工作/生产制造/库存管理/不合格品/不合格品处理单

菜单路径：业务工作/生产制造/库存管理/不合格品库/不合格品记录单

菜单路径：业务工作/生产制造/库存管理/出库业务/其他出库单

当加工完成的料品入库后，如果发现不合格，则需要把不合格的制品退回工作中心进行返修处理。先输入不合格品处理单，再输入不合格品记录单，然后通过"其他出库单"进行退制处理。待返修合格后，还可重新入库。此功能与第 7 章"生产业务"中的不合格品退制处理操作同理。

【系统功能说明】

(1) 工作中心是企业制造部门内部的一个区域，它由一个或多个人员、设备或供应商组成。可在工作中心内收集成本以比较能力负荷，可将工作中心指定到工艺路线中的每道工序，并指定可用于该工作中心的资源。企业一般会根据自身的实际情况把自己的制造加工单元根据加工内容、设备实际摆放的位置、归属的部门等原则划分为不同的工作中心，而把完成相同、相近任务的工作单元划分为同一工作中心。

(2) 资源是指计划、执行或成本计算所要求的任何事物，包括员工、设备、外协处理和物理场所等。可以使用资源来定义物料在加工工序所花费的时间和所引起的成本。

(3) 工序是制造过程的一个步骤，可以在其中执行各项作业和冲减加工物料的工作中心资源。工序状态用于控制工序内部和工序之间的移动和资源处理，并跟踪工序内部的物料(母件)。本系统包含五种工序状态(加工、检验、合格、拒绝、报废)，定义如下。

- 加工：位于"加工"工序状态的物料正在等待加工或加工之中。
- 检验：位于"检验"工序状态的物料已经加工完成，正在检验中。
- 合格：位于"合格"工序状态的物料已经完成，且为合格，正等待移到下一工序。
- 拒绝：位于"拒绝"工序状态的物料遭到拒绝，并且正等待修理(返工)或报废。"拒绝"状态中的物料可能已经作废，但由于这些物料在生产时已经冲减子件和资源，因此对于当前工序，这些物料被视为完成。
- 报废：位于"报废"工序状态的物料被视为作废。由于在物料生产过程中已经冲减子件和资源，因此对于当前工序，这些物料被视为完成。

(4) 工艺路线是产品制造工序的一个序列，可用来生产料品。工艺路线由物料、一系列工序、工序序列和工序有效日期组成。每个工艺路线可以由任意道工序组成。对于每道工序，可以指定一个工作中心，以确定可用于该工序的资源。本系统把工艺路线分为主要工艺路线、替代工艺路线及公用工艺路线三类。

- 主要工艺路线是制造产品最常用的一组工序。一般情况下，使用这些工序制造产品，因此可以将制造此产品的一组工序定义为主要工艺路线。
- 替代工艺路线用来描述生产相同产品的与主要工艺路线不同的制造过程。与定义主要工艺路线不同，要通过指定物料和替代标志来定义替代工艺路线。在定义替代工艺路线之前，必须首先定义主要工艺路线。
- 公用工艺路线指任何具有同一物料清单类型的两个物料均可以共享的公用工艺路线。如果两个不同的物料共享同一工艺路线，那么只需定义好一个物料的工艺路线，可供另一物料公用，但这两个物料应该具有相同的 BOM 类型。在定义新的物料的工艺路线时，可以将另一物料作为公用工艺路线来引用，而不需要在工艺路线中输入任何信息，以节省输入时间并方便维护。

(5) 倒冲业务。对于因包装的不可分割或价值较低的材料，通常会存放在生产线或委外商处(将材料从普通仓库调拨到现场仓库或委外仓库)，当产品完工以后，将由系统根据完工或入库产品耗用的材料自动倒扣现场仓库或委外仓库的材料数量。
- 在物料清单维护中可以将子件"供应类型"设置为"入库倒冲"或"工序倒冲"。
- 在生产订单中可以将"供应类型"设置为"入库倒冲"或"工序倒冲"。
- 在"工艺路线资料维护"中可以设置某工序为"倒冲工序"。在执行工序转移时，若移入或移出该工序，则系统自动倒冲此工序之前的非倒冲工序中的所有供应类型为"工序倒冲"的子件。若依标准工序带出可修改，工艺路线保存时自动将最终工序设置为倒冲工序，以确保装配件完成时倒冲所有工序倒冲子件。
- 倒冲业务包括生产倒冲和委外(入库)倒冲，生产倒冲又分为工序倒冲和入库倒冲。
  - 工序倒冲：保存工序转移单时，如果加工的产品在生产订单中有工序倒冲子件，则系统按规则自动生成材料出库单，倒扣现场仓库材料数量。
  - 入库倒冲：产成品入库单保存时，如果入库产品在生产订单中有入库倒冲子件，则系统按规则自动生成材料出库单。
- 根据"库存管理/初始设置/选项/通用设置—业务校验"的"倒冲材料出库单自动审核"选项设置，可以提供倒冲生成的材料出库单及盘点补差生成的材料出库单的自动审核功能。

【思考题】

(1) 手工填制一张"长针"的生产订单，对它进行工序计划、工序领料、工序转移、完工入库、库存数量查询等一系列操作。

(2) 如果生产"长针"的工序领用的"铝材"是倒扣件，那么应该如何操作？(提示：在"生产订单手动输入"中将"供应类型"选择为"工序倒冲"，在工序加工完成后，自动生成铝材的材料出库单。)

第 9 章

销售发货

9.1 业务概述

9.1.1 功能概述

本实验主要完成根据销售订单进行发货的业务,由"销售管理"子系统进行业务处理。

销售发货是企业执行与客户签订的销售合同或销售订单,将货物发送给客户,并开出销售发票的行为,是销售业务的执行阶段。发货单是销售方给客户发货的凭据,是"销售发货"的核心单据。

销售发货的工作流程可以按照"开票直接发货"的方式,也可以按照"先发货后开票"的方式处理发货业务。"开票直接发货"方式是通过先开具销售发票,然后由销售发票自动生成发货单的过程;"先发货后开票"方式是通过先填写发货单,然后再依据发货单生成销售发票的过程。本实验采用"开票直接发货"方式的流程组织销售发货工作。

9.1.2 相关子系统功能模块之间的关系

销售发货业务与其他子系统的关系,如图 9-1 所示。

图 9-1 销售发货业务与其他子系统的关系

9.1.3 应用准备

(1) 建立新账套、启用要使用的产品、设置用户及权限。
(2) 设置基础数据：供应链产品需要的基础档案(分类体系、基础档案)。
(3) 设置单据格式、单据编号。
(4) 设置"销售发货"模块的系统选项。
(5) 录入并审核期初发货单。
(6) 产成品生产完工。

9.2 系统业务流程

9.2.1 日常业务流程

销售发货的业务流程，如图 9-2 所示。

图 9-2 销售发货的业务流程

9.2.2 主要业务内容

1. 填制销售发票

销售开票是在销售过程中企业给客户开具销售发票及其所附清单的过程，它是销售收入确认、销售成本计算、应交销售税金确认和应收账款确认的依据，是销售业务的重要环节。

销售发票是在销售开票过程中用户所开具的原始销售单据，包括增值税专用发票、普通发票及其所附清单。对于未录入税号的客户，可以开具普通发票，不可开具专用发票。若要开具专用发票，则需要在客户档案中输入其税号和开户银行信息。

复核后的销售发票在财务部门的"应收款管理"模块中核算应收账款，在"应收款管理"模块中审核登记应收款明细账，并根据销售发票进行制单以生成记账凭证。

2. 销售发货

发货单是销售方给客户发货的凭据，是销售发货业务的执行载体。如果按照"开票直接发货"的方式，则发货单由销售发票直接自动生成；如果按照"先发货后开票"的方式，则发货单可以手工增加，也可以参照销售订单生成，然后由发货单再生成销售发票。

3. 销售出库

销售出库单是销售出库业务的主要凭据，在"库存管理"模块中用于存货出库数量核算，在"存货核算"模块中用于存货出库成本核算。

4. 销售报表查询

查询销售及发货统计表，以及销售增长情况，以便分析销售业绩。

9.3 实验八 销售发货业务

【实验目的】

理解销售发货管理的含义，掌握其功能与操作。

【实验要求】

以操作员身份进入系统进行操作。

【实验资料】

1. 实验数据准备

(1) 修改系统时间为"2019-09-20"。

(2) 引入"销售发货数据准备"数据账套。

2. 实验资料

(1) 按照"开票直接发货"的方式处理发货业务,根据"湖北华联商厦"的销售订单填写销售专用发票。

(2) 查看发货单：根据上述的销售专用发票,自动生成发货单,向湖北华联商厦发货产品电子挂钟(编号为10000)数量100个。

(3) 查看根据上述资料自动生成的销售出库单,并进行审核。

(4) 客户收到货品后,企业参照发货单做签回记录。

(5) 查询此时电子挂钟的库存现存量。

(6) 查询此时电子挂钟的销售统计表、发货统计表、销售增长情况及销售综合情况等。

(7) 9月26日,对江西钟表公司开具销售专用发票,发货400个。

(8) 全部发货完成后,查询库存现存量、发货情况、销售发票。

【操作指导】

1. 填写销售发票

岗位：销售部门/业务员

菜单路径：业务工作/供应链/销售管理/销售开票/销售专用发票

(1) 在"销售专用发票"对话框中,单击工具栏上的"增加"按钮,系统生成一个新的销售专用发票号,并弹出"查询条件选择—参照订单"窗口,单击"确定"按钮,如图9-3所示。

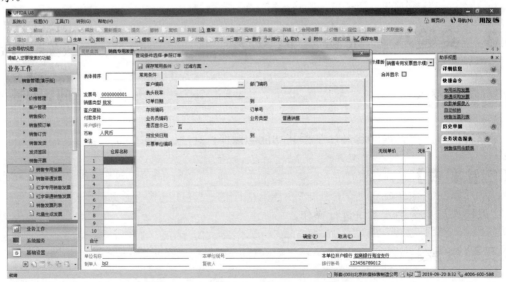

图9-3 录入销售专用发票(参照销售订单)

(2) 如图9-4所示,先选择窗口上方的客户为"湖北华联商厦"的销售订单,此时系统自动选择窗口下方有关该订单详细内容的货品记录行。

图 9-4 选择订单窗口

(3) 单击"确定"按钮，系统自动将所选信息带入"销售专用发票"窗口中，补充输入仓库名称为"成品仓库"，单击"保存"按钮，完成销售专用发票的录入工作，如图 9-5 所示。

图 9-5 生成销售专用发票(参照销售订单)

(4) 单击工具栏中的"复核"按钮，完成对销售发票的审核工作。同时，系统自动生成对应的发货单和销售出库单。

> **注意:**
> - ◆ 为了后续能够填制发货签回单,此时需要对销售订单、发货单的格式进行设置,勾选显示"需要签回"字段项。操作如下:
>   - 在销售发票、发货单各自界面中,单击"格式设置":在其表体中,勾选"需要签回"字段项。
>   - 当增加发货单时,将发货单记录行此数据项置为"是",才能参照发货单生成签回单。
> - ◆ 本实验采用"开票直接发货"方式。即销售发票复核后自动生成销售发货单,销售发票弃复时将自动删除生成的发货单。
> - ◆ 若要开具销售专用发票,则需要在"基础设置/基础档案/客户档案"中先输入客户的税号和银行账户信息。本书在第1章中已经添加完成。
> - ◆ 销售发票可以手工增加,也可以参照销售订单生成;在"必有订单业务模式"时,不可手工新增,只能参照生成。
> - ◆ 销售发票可以修改、删除、复核、弃复。
> - ◆ 与"库存管理"集成使用时,在"业务工作/销售管理/设置/销售选项"的"业务控制"选项卡中,若选中"销售生成出库单"选项(见图9-8),则销售发票复核后生成发货单的同时也生成销售出库单,否则在"库存管理"模块中将根据已生成的发货单再生成销售出库单。

2. 查看自动生成的发货单

岗位:销售部门/业务员

菜单路径:业务工作/供应链/销售管理/销售发货/发货单

在"发货单"窗口中,翻页可以看到经发票复核后自动生成的发货单,如图9-6所示。

图9-6 查看发货单

> **注意:**
> - 在发货单记录行中,要将"需要签回"数据项置为"是",以便后面可以生成发货签回单。
> - "开票直接发货"方式的发货单根据复核后的销售发票自动生成,作为货物发出的依据。在此情况下,发货单只作浏览,不能进行增、删、改和审核等操作。
> - 对于直接依据销售发票的某一联提货的企业,可能没有业务单据与系统中的发货单相对应,因而发货单不具有业务单据的作用;当然,发货单也可以作为运输部门的送货单据或其他单据。

3. 查看自动生成的销售出库单

岗位:仓库/仓管员

菜单路径:业务工作/供应链/库存管理/出库业务/销售出库单

执行"销售出库单"菜单命令,可以看到自动生成的待审核的销售出库单,单击工具栏上的"审核"按钮,完成对销售出库单的审核工作,如图9-7所示。

图9-7 查询销售出库单

> **注意:**
> 在"销售管理/设置/销售选项"的"业务控制"选项卡中,选中"销售生成出库单"选项,表示"销售出库单"可以由发货单自动生成,待审核。本实验即为自动生成,如图9-8所示。

图 9-8 设置销售选项

4. 发货单签回记录

岗位：销售部门/业务员

菜单路径：业务工作/供应链/销售管理/发货签回/发货签回单

在"发货签回单"窗口，单击"新增"命令，在"查询条件选择"窗口中单击"确定"后，在列表窗口中选择要参照的发货单，单击"确定"后，即将发货数据带入发货签回单中。在签回单表体记录行，选择"发货签回完成"栏为"是"，补充其他信息后，即可保存，完成发货签回单的录入。

 注意：

- ◆ 发货签回单是依据发货单生成的。如果销售发票和发货单中，没有设置显示"需要签回"数据项，当增加发货单时，就无法录入是否需要签回的信息，也就无法生成发货签回单。
- ◆ 对料品发货签回情况进行记录，可以对发货料品的在途、送达状况进行管理，以便对货品送达的及时性、效率及安全性进行监管。

5. 查询电子挂钟的现存量

岗位：仓库/仓管员

菜单路径：业务工作/供应链/库存管理/报表/库存账/现存量查询

执行"现存量查询"菜单命令，出现"查询条件选择"窗口，单击"确定"按钮，进入"现存量查询"界面，如图 9-9 所示。

图 9-9　查询库存现存量

6. 查询销售报表

岗位：销售部门/业务员

菜单路径：业务工作/供应链/销售管理/报表/统计表/销售统计表

菜单路径：业务工作/供应链/销售管理/报表/统计表/发货统计表

菜单路径：业务工作/供应链/销售管理/报表/销售分析/销售增长分析

菜单路径：业务工作/供应链/销售管理/报表/统计表/销售综合统计表

(1) 执行"销售统计表"功能，在"查询条件选择—销售统计表"过滤窗口中，单击"确定"按钮，进入"销售统计表"窗口，可查看产品的销售情况，如图9-10所示。

图 9-10　查询销售统计表

(2) 执行"发货统计表"功能,在"查询条件选择—发货统计表"过滤窗口中,单击"确定"按钮,进入"发货统计表"窗口,可查看产品的发货情况,如图9-11所示。

图9-11 查询发货统计表

(3) 执行"销售增长分析"功能,在"查询条件选择—销售增长分析"过滤窗口中,输入"年份"为"2019","月份"为"9月"到"9月",单击"确定"按钮,进入"销售增长分析"窗口,可查看产品的销售增长情况,如图9-12所示。

图9-12 查询销售增长情况

(4) 执行"销售综合统计表"功能,在"查询条件选择—销售综合统计表"过滤窗口中,单击"确定"按钮,进入"销售综合统计表"窗口,可查看产品的销售总体情况,如图9-13所示。

 注意:

按照上述操作过程,可以进一步对其他销售订单进行发货处理。方法是将系统时间调整为销售订单发货日,重新登录系统,其他步骤同上。

图 9-13 销售综合统计表

7. 对江西钟表公司进行开票及发货

岗位：业务员

(1) 首先修改系统日期为 2019.9.26，然后登录企业应用平台，进入系统。

(2) 同理操作，在销售管理模块中，按照上述"1-5"的操作步骤，完成发货业务。

8. 查询存货库存现存量、发货情况及销售发票

岗位：业务员

菜单路径：业务工作/供应链/库存管理/报表/库存账/现存量查询

菜单路径：业务工作/供应链/销售管理/销售发货/发货单列表

菜单路径：业务工作/供应链/销售管理/销售开票/销售发票列表

(1) 库存现存量查询结果如图 9-14 所示。

图 9-14 库存现存量查询

(2) 销售发货查询结果如图 9-15 所示。

图 9-15 销售发货查询

(3) 销售发票查询结果如图 9-16 所示。

图 9-16 销售发票查询

【思考题】

销售发货的流程有哪些？与其他模块有什么关系？

第 10 章

制 单 业 务

10.1 业务概述

10.1.1 功能概述

制单业务的处理工作主要是将应收、应付业务生成财务记账凭证。系统对不同的单据类型或不同的业务处理提供实时制单的功能,此外,还提供了一个统一制单的平台,可以快速、成批生成记账凭证,并可依据规则进行合并制单等处理。

本实验主要完成销售业务、采购业务和委外业务与财务业务相联系的记账凭证制单功能操作。根据所发生的销售、采购和委外业务,制作应收款与应付款记账凭证,并共享给总账系统,进一步做账务处理。

- 由应收款管理系统通过对销售发票、其他应收单、收款单等单据的录入,对企业应收账款业务进行制单处理。应收款管理系统主要对经营业务转入的应收款项进行处理,及时、准确地提供客户的往来账款余额资料,提供账龄分析、周转分析、欠款分析、坏账分析、回款分析等分析报表,以便合理调配资金,提高资金的利用率。
- 由应付款管理系统通过对发票、其他应付单、付款单等单据的录入,对企业应付账款业务进行制单处理。应付款管理系统主要对采购模块转入、委外模块转入、应付账款模块录入的应付账款进行处理,及时、准确地提供供应商的往来账款余额资料,提供各种分析报表,以便合理地进行资金的调配,提高资金的利用效率。

10.1.2 相关子系统功能模块之间的关系

1. 应收款管理系统与其他子系统之间的关系

应收款管理系统与其他子系统之间的关系，如图 10-1 所示。

图 10-1 应收款管理系统与其他子系统之间的关系

2. 应付款管理系统与其他子系统之间的关系

应付款管理系统与其他子系统之间的关系，如图 10-2 所示。

图 10-2 应付款管理系统与其他子系统之间的关系

10.1.3 应用准备

(1) 初次使用应收款及应付款管理系统时,把应收账款及应付账款核算模型设置为简单核算模式。

(2) 要启用总账系统,事先在总账系统中对应收账款、应付账款、应交增值税等相关会计科目进行设置,并录入期初余额。

(3) 客户和供应商资料、存货资料、上月期末数据等资料已在系统初始时公用资料中准备就绪。

10.2 根据销售和采购业务进行制单的业务流程

10.2.1 日常业务流程

对销售和采购的业务进行制单处理,并传递给总账系统。应收款管理系统的制单流程,如图 10-3 所示,应付款管理系统的制单流程,如图 10-4 所示。

图 10-3 应收款管理系统的制单流程

图 10-4 应付款管理系统的制单流程

10.2.2 主要制单业务内容

1. 应收款管理系统制单处理

1) 应收账款核算模型设置

根据对客户往来款项核算和管理程度的不同,系统在应收款管理中提供了"详细核算"和"简单核算"两种应用方案。

若销售业务及应收款核算与管理业务比较复杂,或需要追踪每一笔业务的应收款和收款情况,或需要将应收款核算到产品一级,则可选"详细核算"方案,以了解每个客户每笔业务详细的应收、收款及余额情况,还可通过账龄分析,加强客户及往来款项的管理,以便针对不同客户的具体情况,实施不同的收款策略。

若销售业务及应收账款业务比较简单,或现销业务很多,则可选用"简单核算"方案,着重于对客户的往来款项进行查询和分析。

2) 基本科目设置

设置在制单时凭证中借贷方应记的会计科目。

3) 应收单据审核

对应收单据的项目内容进行审核,主要审核销售价格和客户信用额度,已通过审核的单据可以进行制单处理,否则,可以弃审改正应收单据的项目内容,或对客户信用情况进行处理,审核通过后,再进行制单。

4) 根据销售发票制单

根据通过审核后的销售发票制作记账凭证。

5) 凭证查询

查询已生成的凭证内容,了解应收款账目情况。

6) 总账查询凭证

制成的凭证已经传递到总账系统中,可以打开总账系统查看。若凭证有错误,则要在应收款管理系统中进行修改或删除。

2. 应付款管理系统制单处理

1) 应付账款核算模型设置

根据对供应商往来款项核算和管理的程度不同,系统在应付款管理中提供了"详细核算"和"简单核算"两种应用方案。

若采购业务及应付账款业务繁多,或需要追踪每一笔业务的应付款、付款等情况,或需要将应付款核算到产品一级,则可选"详细核算"方案,以了解每笔业务的详细应付、付款及余额情况,并进行账龄分析。

若采购业务及应付款核算业务不复杂,或现结业务较多,可选用"简单核算"方案。

2) 基本科目设置

设置在制单时凭证中借贷方应记的会计科目。

3) 应付单据审核

对应付单据的项目内容进行审核,主要审核采购价格和采购成本,已通过审核的单据可以进行制单处理,否则,可以弃审改正应付单据的项目内容,审核通过后,再进行凭证制作。

4) 根据采购发票制单

对通过审核的采购发票制作应付款的记账凭证。

5) 凭证查询

查询已生成的凭证内容,了解应付款账目情况。

6) 总账查询凭证

制成的凭证已经传递到总账系统中,可以打开总账系统查看。若凭证有错误,则要在应付款管理系统中进行修改或删除。

10.3 实验九 应收款和应付款管理系统的制单业务

【实验目的】

(1) 理解应收款、应付款管理模块的作用,掌握应收、应付账款管理系统的制单操作。

(2) 理解销售业务、采购业务和委外业务与应收款、应付款之间的账务关系。

【实验要求】

以操作员身份进入系统进行操作。

【实验资料】

1. 实验数据准备

(1) 修改系统时间为"2019-09-30"。
(2) 引入"制单业务数据准备"数据账套。

2. 实验资料

1) 应收账款制单业务实验资料

(1) 账套参数设置：应收账款核算模型为"详细核算"模式；不启用客户权限，按信用方式根据单据提前7天自动报警，根据信用额度自动报警，提前比率为10%。

(2) 初始设置如表10-1至表10-3所示。事先在总账系统的会计科目设置中，将应收账款科目的辅助核算设置为客户往来，受控系统设置为应收系统。

表10-1 应收账款凭证科目设置

科 目 类 别	设 置 方 式
基本科目设置	应收科目(本币)：应收账款
	销售收入科目(本币)：主营业务收入
	税金科目：应交税费——应交增值税——销项税额
控制科目设置	对所有客户设置应收科目：应收账款
结算方式科目设置	结算方式为现金；币种为人民币；科目为库存现金
	结算方式为支票；币种为人民币；科目为银行存款

表10-2 账期内账龄和逾期账龄区间设置

序 号	起 止 天 数	总 天 数
01	1～30	30
02	31～60	60
03	61～90	90
04	91～120	120
05	121 以上	

表 10-3 报警级别设置

级 别	A	B	C	D	E	F
总比率 (客户欠款余额占其信用额度的比例)	10%	20%	30%	40%	50%	
起止比率	0～10%	10%～20%	20%～30%	30%～40%	40%～50%	50%以上

(3) 对湖北华联商厦的销售订单进行审核。
(4) 根据其销售发票制作记账凭证。
(5) 在应收款系统中查看已制成的应收款凭证。
(6) 从总账系统查询所生成的应收账款凭证。
(7) 账套参数设置：应付账款核算模型为"详细核算"模式。按信用方式根据单据提前 7 天自动报警，根据信用额度自动报警，提前比率为 10%。

2) 应付账款制单业务实验资料
(1) 初始设置如表 10-4 至表 10-6 所示。事先在总账系统的会计科目中进行设置，将应付账款科目的辅助核算设置为供应商往来，受控系统设置为应付系统。
(2) 账套参数设置：应付账款核算模型为"简单核算"模式。不启用供应商权限，按信用方式根据单据提前 7 天自动报警，根据信用额度自动报警，提前比率为 20%。

表 10-4 应付账款凭证科目设置

科 目 类 别	设 置 方 式
基本科目设置	应付科目(本币)：应付账款
	采购科目：材料采购
	税金科目：应交税费——应交增值税——进项税额
控制科目设置	对所有供应商设置应付科目：应付账款
结算方式科目设置	结算方式为现金；币种为人民币；科目为库存现金
	结算方式为支票；币种为人民币；科目为银行存款

表 10-5 账期内账龄和逾期账龄区间设置

序 号	起 止 天 数	总 天 数
01	1～30	30
02	31～60	60
03	61～90	90
04	91～120	120
05	121 以上	

表 10-6 报警级别的设置

级别	A	B	C	D	E	F
总比率 (按照欠款余额与供应商授信额度的比例)	10%	20%	30%	40%	50%	
起止比率	0～10%	10%～20%	20%～30%	30%～40%	40%～50%	50%以上

(3) 对向上海昊恒工贸有限公司采购料品的采购订单进行审核。
(4) 根据采购发票制作记账凭证。
(5) 在应付款系统中查看已制成的应付款凭证。
(6) 从总账系统查询所生成的应付账款凭证。

【操作指导】

1. 设置应收账款核算模型

岗位：财务部门/会计

菜单路径：业务工作/财务会计/应收款管理/设置/选项

双击"应收款管理"模块"设置"中的"选项"功能，单击"编辑"按钮，在"常规"选项卡中，选择"单据审核日期依据"为"单据日期"，"应收账款核算模型"为"详细核算"；在"权限与预警"选项卡中，单据报警提前天数为7，信用额度报警提前比率为10%，勾选"超过信用额度报警"，勾选"信用额度控制"。设置完成后，单击"确定"按钮。操作结果如图 10-5 所示。

图 10-5 应收账款核算模型及信用额度报警设置

2. 设置应收账款凭证的基本科目、控制科目及结算方式科目

岗位：财务部门/会计

菜单路径：业务工作/财务会计/应收款管理/设置/初始设置

运行"应收款管理"模块"设置"中的"初始设置"功能，在"基本科目设置"中，单击"增加"按钮，在基础科目种类中选择"应收科目"，科目输入"1122"(应收账款)，币种默认为"人民币"。同理，输入"销售收入科目"，科目代码为"6001"(主营业务收入)；增加"税金科目"，科目代码为"22210103"(应交税费——应交增值税——销项税额)，如图10-6所示。

图10-6 应收账款凭证基本科目的设置

注意：

应收科目已经事先在会计科目代码表(第1章1.5节中的第40项)中进行了客户往来辅助核算设置，同时，选择受控系统为应收系统，此时应收账款科目才能输入成功。表明应收业务的记账凭证要由应收款管理子系统生成，不可以在总账系统中手动录入，以避免数据重复。

3. 设置应收款账龄区间及报警级别

岗位：财务部门/会计

菜单路径：业务工作/财务会计/应收款管理/设置/初始设置

(1) 单击"账期内账龄区间设置"，输入资料，如图10-7所示。

图10-7 应收款账期内账龄区间设置

(2) 单击"逾期账龄区间设置",输入资料,内容与图10-7相同。
(3) 单击"报警级别设置",输入资料,如图10-8所示。

图10-8 应收款管理报警级别设置

 注意:

- 总比率,即信用比率,是指客户信用余额与客户信用总额的比值。客户信用余额=客户信用总额—应收账款余额。客户信用余额降低表明客户的还款能力可能下降,通过监控信用比率,可以了解客户的还款能力,减少应收账款的回收风险。客户信用总额在客户档案中录入,是企业根据对客户的评估及经验估算而得的数据,可以根据客户实际经营状况进行调整。
- 企业做信用控制分析时,在客户档案的"信用"选项卡中,还要勾选"控制信用额度"。
- 应收款系统中的信用控制属于事后管理。客户信用的事前控制可以在销售管理系统中进行处理,即若信用点设置为保存单据,则当单击销售订单"保存"按钮时,系统自动计算客户的信用余额。若该订单中价税合计数额超过了客户的信用余额,将不能保存此销售订单,也将不能进行产销排程的规划。通过与客户沟通、调查后,确认还款能力足够,才给客户安排生产。经由信用审批人签字后,系统才能操作保存此笔销售订单,然后进行后续流程的工作。

4. 审核由销售管理系统中生成的应收单据

岗位:财务部门/会计
菜单路径:业务工作/财务会计/应收款管理/应收单据处理/应收单据审核

可以对销售管理系统传来的应收单据进行审核,提供手工审核、自动批审两种功能,选择其一即可。

1) 手工审核

(1) 双击"应收单据处理"的"应收单据审核"功能,弹出"应收单查询条件"窗口,单击"确定"按钮,如图10-9所示。

图 10-9 "应收单查询条件"对话框

(2) 进入"应收单据列表"窗口,如图 10-10 所示,逐一打开销售发票审核各项内容,审核无误后,单击"审核"按钮;或者,把全部发票核对完成后,再返回"应收单据列表"窗口进行一批审核,即在"选择"栏双击选择发票所在行,或单击"全选"按钮,"选择"栏位处显示为"Y"时,单击工具栏中的"审核"按钮,"审核人"栏位处自动填上审核人姓名,弹出提示窗,如图 10-11 所示,审核未成功者可以单击右侧按钮,查看原因。若发现单据审核有误,还可以选择某记录或全选,单击"弃审"按钮进行单张单据或全部单据的取消审核工作。

图 10-10 应收单据列表

图 10-11 应收单据审核成功提示

2) 自动批审

双击"应收单据处理"的"应收单据审核"功能,系统显示"应收单查询条件"窗口,单击"批审"按钮,系统会根据当前的过滤条件将符合条件的未审核单据全部进行一次性审核处理。批审完成后,系统提交单据批审报告,显示成功或不成功单据的张数及明细审核单据。单击"》"按钮,可查看单据明细资料。操作结果如图 10-12、图 10-13 所示。

图 10-12 应收单批审查询条件选择

图 10-13 应收单据自动批审结果提示

 注意:

审核与填制应收单据不能为同一人。

5. 根据已审核的销售发票制单

岗位:财务部门/会计

菜单路径:业务工作/财务会计/应收款管理/制单处理

该模块可以快速、成批地生成凭证,也可依据规则进行合并制单等处理。

(1) 双击"制单处理"功能,进入"制单条件选择"界面,单击左边复选框选择"制单依据"。若选择显示"隐藏记录"选项,则只显示处于隐藏状态的记录;若选择显示"未隐藏记录"选项,则只显示处于未隐藏状态的记录。如图 10-14 所示,选择完成后,单击"确定"按钮,系统会将符合条件的所有未制单已经审核的销售发票单据全部列出,如图 10-15 所示。

图 10-14 应收款制单条件选择

(2) 如图 10-15 所示,"制单日期"为开具销售发票的日期,从"凭证类别"栏的下拉框中选择凭证类别。

图 10-15 应收款制单发票列表

(3) 双击要制单的单据的"选择标志"栏位,或单击"全选"按钮,此栏位显示出不同的序号,单击工具栏中的"制单"按钮,进入填制凭证界面,单击应收账款科目所在行,填写辅助项信息,即向凭证左下方移动鼠标,箭头变为笔头形状时,双击鼠标,弹出辅助项窗口,填写完成后关闭,然后单击"保存"按钮即可生成记账凭证,如图 10-16、图 10-17 所示。也可单击"合并"按钮,将所有列示单据的"选择标志"栏位变为同一个序号,单击"制单"按钮,将这几张单据合并制成一张凭证,如图 10-18、图 10-19 所示。序号用于区别不同单据制成的不同凭证,序号可修改,比如系统给出的序号为 2,可改为 1,相同序号的记录将会填在同一张凭证中。

图 10-16 制单选择

图 10-17　生成应收账款凭证

图 10-18　选择合并制单

图 10-19　多张单据合并生成一张凭证

制单业务 第10章

> **注意：**
> - 若要对某些记录不制单，可以对它们打上隐藏标记，这样选择记录后，单击"标记"按钮，即隐藏该记录而不制单。单击"自动"按钮，则可以将制单过程中合并分录后而导致凭证为空的记录打上隐藏标记。单击"取消"按钮，则取消制单记录的隐藏标志。
> - 若希望在凭证生成时自动形成其摘要内容，则可以在填制销售发票或单据时，在单据的"备注"中写好业务内容。当按发票制单时，取发票类型或备注作为凭证摘要内容；当按单据制单时，自动取单据中相应的备注内容填充摘要，如果没有备注内容，则按当前单据类型或处理内容填充摘要。摘要允许修改。
> - 各种制单类型均可以实现合并制单处理，只有坏账处理独立制单。
> - 对制作的凭证，可增删分录，但不能是受控科目，系统生成的分录也不允许删除。金额由系统自动生成，不能修改。但允许对非受控科目分录的金额进行修改。可以修改科目、项目、部门、个人、制单日期、摘要、凭证类别、附单据数等栏目。
> - 由该系统生成的记账凭证可以通过"凭证查询"界面进行修改、删除和冲销。这些凭证可以在总账系统中查看和进一步做账务处理，但不能被修改或删除。

6. 在应收款管理模块中查询应收账款凭证及其单据

岗位：财务部门/会计

菜单路径：业务工作/财务会计/应收款管理/凭证查询

双击"凭证查询"功能，在"凭证查询条件"窗口，单击"确定"后，进入凭证查询列表界面，如图10-20所示，单击某行记录变为蓝色，即为选中该凭证，通过工具栏中的"凭证"按钮，进入记账凭证界面即可翻页逐一查询，如图10-21所示；在凭证查询列表界面，单击"单据"按钮，可以查询对应的生单发票或单据。

图10-20 查询应收款凭证

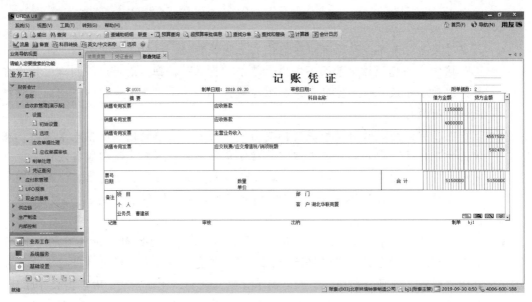

图 10-21　查询应收款单据

7. 在总账系统中查询应收款凭证

岗位：财务部门/会计

菜单路径：业务工作/财务会计/总账/凭证/查询凭证

由应收款管理系统生成的凭证，可以在总账系统中查询浏览。执行"查询凭证"功能，在"凭证查询"弹窗中，可以输入条件，单击"确定"按钮，进入"查询凭证列表"界面，双击某行记录，即打开对应的记账凭证，可以翻页逐一查看。

注意：

◆ 在总账系统中，可以查询浏览凭证，可以审核、标错，但不能修改、删除凭证。若凭证有错误，只能返回到应收款管理系统对凭证进行删除，然后修改发票等单据后，再重新生成凭证。

8. 设置应付账款核算模型

岗位：财务部门/会计

菜单路径：业务工作/财务会计/应付款管理/设置/选项

双击"应付款管理"模块"设置"中的"选项"功能，单击"编辑"按钮，如图 10-22 所示，在"常规"选项卡中，选择"单据审核日期依据"为"业务日期"，"应收账款核算模型"为"详细核算"；在"权限与预警"选项卡中，单据报警提前天数为 7，信用额度报警提前比率为 10%。单击"确定"按钮完成设置。

图 10-22 应付账款核算模型设置

9. 设置应付款凭证中的基本科目、控制科目及结算方式科目

岗位：财务部门/会计

菜单路径：业务工作/财务会计/应付款管理/设置/初始设置

运行"应付款管理"模块"设置"中的"初始设置"功能，在"基本科目设置"中单击"增加"按钮，在基础科目种类中选择"应付科目"，会计科目代码为"2202"(应付账款)，币种默认为"人民币"，同理，增加"采购科目"，会计科目代码为"1401"(材料采购)；增加"委外加工科目"，会计科目代码为"1408"(委托加工物资)；增加"税金科目"，会计科目代码为"22210101"(应交税费——应交增值税——进项税额)，如图10-23所示。

图 10-23 应付账款凭证基本科目设置

注意：
应付科目已经事先在会计科目代码表(第1章1.5节中的第40项)中进行了供应商往来辅助核算设置，同时，选择受控系统为应付系统，此时应付科目才能输入成功。表明应付业务的记账凭证要由应付款管理子系统生成，不可以在总账系统中手动录入，以避免数据重复。

10. 设置应付款账龄区间及报警级别

岗位：财务部门/会计

菜单路径：业务工作/财务会计/应付款管理/设置/初始设置

(1) 单击"账期内账龄区间设置"，输入资料，如图 10-24 所示。

图 10-24　应付款账期内账龄区间设置

(2) 单击"逾期账龄区间设置"，输入资料，内容与图 10-24 相同。

(3) 单击"报警级别设置"，输入资料，如图 10-25 所示。

图 10-25　应付款管理报警级别设置

11. 审核由采购管理系统中生成的应付单据

岗位：财务部门/会计

菜单路径：业务工作/财务会计/应付款管理/应付单据处理/应付单据审核

可以对采购管理系统传来的应付单据进行审核，提供手工审核和自动批审两种功能，选择其中之一即可。

1) 手工审核

(1) 双击"应付单据处理"的"应付单据审核"功能，弹出"应付单查询条件"窗口，勾选"未完全报销"复选框,单击"确定"按钮,如图10-26所示。

图10-26　应付单据审核查询条件输入

(2) 进入"应付单据列表"窗口,对所有的采购发票及委外发票核对完成以后,双击要处理的应付单据的"选择"栏位或单击"全选"按钮,"选择"栏位处显示为"Y",单击工具栏中的"审核"按钮。审核完成后,在"审核人"栏位处自动填上审核人姓名,弹出提示窗,如图10-27所示,审核未成功者可以单击右侧按钮,查看原因。若发现单据审核有误,也可以选择某记录或全选,单击"弃审"按钮进行单张单据或全部单据的取消审核工作。

图10-27　审核应付单据

2) 自动批审

双击"应付单据处理"的"应付单据审核"功能,系统显示"应付单查询条件"对话框,单击"批审"按钮,系统会根据当前的过滤条件将符合条件的未审核单据全部进行一次性审核处理。批审完成后，系统提交单据批审报告，显示成功或不成功单据的张数及明细审核单据。单击"》"按钮，即可查看单据明细资料。操作结果如图10-28、图10-29所示。

图10-28 应付单据批审查询条件选择

图10-29 应付单据自动批审结果的提示

注意：

审核与填制应付单据不能为同一人。

12. 根据已审核的采购发票或委外发票制单

岗位：财务部门/会计

菜单路径：业务工作/财务会计/应付款管理/制单处理

该模块可以快速、成批地生成凭证，也可依据规则进行合并制单等处理。

(1) 双击"制单处理"功能，进入"制单查询"对话框，单击左边复选框选择制单依据。若选择显示"隐藏记录"选项，则只显示处于隐藏状态的记录；若选择显示"未隐藏记录"选项，则只显示处于未隐藏状态的记录。如图10-30所示，选择完成后，单击"确定"按钮，系统会将符合条件的所有未制单已经审核的采购发票或委外发票单据全部列出，如图10-31所示。

图 10-30 应付款制单条件选择

(2) 由图 10-31 可见，"发票日期"为登记采购发票或委外发票的日期，从"凭证类别"栏的下拉框中选择凭证类别。

图 10-31 应付款制单发票列表

(3) 双击要制单的单据的"选择标志"栏位，或单击"全选"按钮，此栏位显示出不同的序号，单击工具栏中的"制单"按钮，进入填制凭证界面。如图 10-32 所示，单击应付账款科目所在行，填写辅助项信息，即向凭证左下方移动鼠标，箭头变为笔头形状时，双击鼠标，弹出辅助项窗口，填写完成后关闭，然后单击"保存"按钮即可生成记账凭证，如图 10-33 所示。也可单击"合并"按钮，将所有列示单据的"选择标志"栏位变为同一个序号，单击"制单"按钮，将这几张单据合并制成一张凭证。序号用于区别不同单据制成的不同凭证，序号可修改，相同序号的记录将会填在同一张凭证中。

图 10-32　填写应付账款辅助项信息

图 10-33　生成应付账款凭证

> **注意：**
>
> - 若要对某些记录不制单，可以对它们打上隐藏标记，则选择记录后，单击"标记"按钮，即隐藏该记录而不制单。单击"自动"按钮，则可以将制单过程中合并分录后而导致凭证为空的记录打上隐藏标记。单击"取消"按钮，则取消制单记录的隐藏标志。
> - 若希望在凭证生成时自动形成其摘要内容，则可以在填制采购发票或单据时，在单据的"备注"中写好业务内容。当按发票制单时，取发票类型或备注作为凭证摘要内容；当按单据制单时，自动取单据中相应的备注内容填充摘要，如果没有备注内容，则按当前单据类型或处理内容填充摘要。摘要允许修改。
> - 各种制单类型均可以实现合并制单处理，只有坏账处理独立制单。

- 对制作的凭证，可增删分录，但不能是受控科目，系统生成的分录也不允许删除。金额由系统自动生成，不能修改。但允许对非受控科目分录的金额进行修改。可以修改科目、项目、部门、个人、制单日期、摘要、凭证类别、附单据数等栏目。
- 由该系统生成的记账凭证可以通过"凭证查询"界面进行修改、删除和冲销。这些凭证可以在总账系统中查看和进一步做账务处理，但不能被修改或删除。

13. 在应付款管理模块中查询应付账款凭证及其单据

岗位：财务部门/会计

菜单路径：业务工作/财务会计/应付款管理/凭证查询

双击"凭证查询"功能，在凭证列表中单击某行记录使之变为蓝色，即为选中该凭证，通过工具栏中的"凭证"按钮，查询相应凭证；通过"单据"按钮，可以查询对应的生单发票或单据，如图10-34、图10-35、图10-36所示。

图 10-34　凭证查询

图 10-35　查询应付款凭证

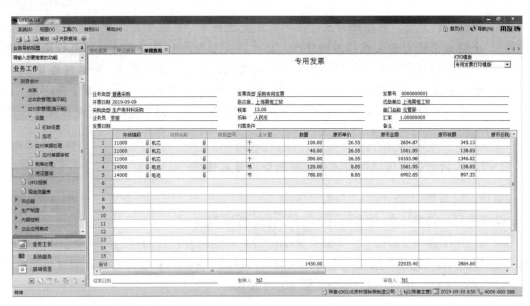

图 10-36　查询应付款单据

14. 在总账系统中查询应付款凭证

岗位：财务部门/会计

菜单路径：业务工作/财务会计/总账/凭证/查询凭证

由应付款管理系统生成的凭证，可以在总账系统中查询浏览。执行"查询凭证"功能，在"凭证查询"弹窗中，可以输入条件，单击"确定"按钮，进入"查询凭证列表"界面，双击某行记录，即打开对应的记账凭证，可以翻页逐一查看。

【系统功能说明】

(1) 会计科目的设置及期初余额的录入，可以在设置系统公用资料时完成；若会计科目没有被财务系统或其他子系统启用，也可以在本实验开始之前进行设置。应收账款和应付账款科目要设置为应收系统和应付系统控制的科目。

(2) 初次使用应收、应付系统制单时，需要选择核算模型，以便按照不同的工作流程完成凭证的制作。核算模型分为简单核算和详细核算两种模式。"简单核算"的制单流程适用于与销售管理系统及采购管理系统集成时，仅生成应收款及应付款凭证的情况，由销售管理系统(或采购管理系统)复核过的销售发票(或采购发票)直接制单生成应收(或应付)的记账凭证，它只提供基本科目设置、应收及应付单据审核、制单处理和凭证查询等功能。"详细核算"模式除了可以完成"简单核算"模式的功能以外，还可以完成应收及应付会计所做的其他账务处理工作，可以进行查询、信用控制管理等工作。它既适用于与销售管理系统(或采购管理系统)集成，又适用于不与销售管理系统(或采购管理系统)集成使用的情况。

(3) 所制凭证如有错误需要删除时，应先在应收款或应付款管理系统的查询凭证模块中删除所制作的凭证，然后在总账系统的"填制凭证"中整理删除对应的"已作废"凭证的分录。

(4) 应收款或应付款管理系统与销售管理系统(或采购管理系统)集成使用时，应在销售管理系统(或采购管理系统)结账后，才能对应收、应付系统进行结账处理。

(5) 启用应收款及应付款管理系统后，应收科目与应付科目需要设置受控系统，分别对应应收系统与应付系统。若系统设置的控制科目也可以在总账系统进行制单，则常会出现重复录入的误操作，造成应收及应付款管理系统与总账系统对账不平。

(6) 在本系统制单时，若要使用存货核算系统的控制科目，则需要在总账系统选项中选择可以使用存货核算系统控制科目选项。

(7) 凭证制单日期系统默认为当前业务日期，不一定是发票的日期。制单日期应大于或等于所选单据的最大日期，小于当前业务日期。若同时使用了总账系统，所输入的制单日期应该满足总账制单日期序时要求，即大于同月同凭证类别的日期。

(8) 对同一张原始单据不能重复制单。

(9) 若在退出凭证界面时，还有未生成的凭证，则系统会提示是否放弃对这些凭证的操作。如果选择"是"，则系统会取消本次对这些业务的制单操作。

【思考题】

(1) 比较"详细核算"和"简单核算"两种模式的制单操作，了解它们在工作流程及功能方面的区别。

(2) 按照实验中讲述的方法把所有涉及应收款、应付款的业务都进行制单处理。

第 11 章 期末处理

11.1 业务概述

11.1.1 功能概述

期末处理业务主要是指期末结账的工作。每个会计期末需要将当期的单据数据进行封存,并将当期业务数据记入有关账表之中。

结账之前应检查本会计期间的工作是否已经全部完成,只有在当前会计期间内所有工作全部完成的前提下,才能进行期末结账,否则会遗漏某些业务。不允许跳期结账,只能从未结账的第一期逐期结账;不允许跳期取消期末结账,只能从最后一期逐期取消。若上期没有结账,本期单据仍可以正常操作,不影响日常业务的处理,但本期不能进行结账。期末结账后将不能再做已结账期间的业务,只能做未结账期间的日常业务。

本实验针对销售业务、采购业务、委外业务、库存业务进行月末结账处理。月末结账是逐月将当月的销售、采购、委外和库存单据数据封存,并将当月的业务数据记入相关报表。

11.1.2 相关子系统功能模块之间的关系

期末处理各相关子系统之间的关系,如图 11-1 所示。

图 11-1　期末处理各相关子系统之间的关系

11.1.3　应用准备

各子系统业务处理均已完成,即可进行月末结账。

11.2　系统业务流程

11.2.1　日常业务流程

月末结账处理流程,如图 11-2 所示。

图 11-2　月末结账处理流程

11.2.2 主要业务内容

1. 销售业务月末结账

逐月将当月的销售业务单据数据封存,并将当月的销售数据记入有关账表中。

2. 采购业务月末结账

逐月将当月的采购业务单据数据封存,并将当月的采购数据记入有关账表中。

3. 委外业务月末结账

逐月将当月的委外业务单据数据封存,并将当月的委外数据记入有关账表中。

4. 库存业务月末结账

将当月的出入库单据逐月封存,并将当月的出入库数据记入有关账表中。

11.3 实验十 期末处理

【实验目的】

理解月末处理的作用,掌握基本操作。

【实验要求】

以操作员身份进入系统进行操作。

【实验资料】

1. 实验数据准备

(1) 修改系统时间为"2019-09-30"。
(2) 引入"月末处理数据准备"数据账套。

2. 实验资料

(1) 销售管理系统月末结账。
(2) 采购管理系统月末结账。
(3) 委外管理系统月末结账。
(4) 库存管理系统月末结账。

【操作指导】

1. 销售管理系统月末结账

岗位：业务主管

菜单路径：业务工作/供应链/销售管理/销售订货/订单列表

菜单路径：业务工作/供应链/销售管理/月末结账

(1) 双击订单列表，弹出"查询条件选择"窗口，单击"确定"按钮，显示当月所有销售订单，单击"全选"按钮选中所有订单，如图11-3所示。

图 11-3　销售订单列表

(2) 再单击"批关"按钮即关闭所有销售订单。

(3) 对销售管理系统进行月末结账，选中需要结账的月份，单击"结账"按钮，弹出"销售管理"对话框，提示关闭已完成的销售订单，单击"否"按钮，即完成销售系统的结账，操作结果如图11-4所示。在未处理下月业务之前也可以取消结账。

图 11-4　销售管理系统月末结账

2. 采购管理系统月末结账

岗位：业务主管

菜单路径：业务工作/供应链/采购管理/采购订货/采购订单列表

菜单路径：业务工作/供应链/采购管理/月末结账

(1) 双击采购订单列表，弹出"查询条件选择"窗口，单击"确定"按钮，显示当月所有采购订单，单击"全选"按钮选中所有订单，如图11-5所示。

图 11-5　采购订单列表

(2) 单击"批关"按钮，即关闭所有采购订单。

(3) 对采购管理系统进行月末结账，选中需要结账的月份，单击"结账"按钮，弹出"月末结账"对话框，提示关闭已完成的采购订单，单击"否"按钮，即完成采购系统的结账，操作结果如图11-6所示。在未处理下月业务之前也可以取消结账。

图 11-6　采购管理系统月末结账

3. 委外管理系统月末结账

岗位：业务主管

菜单路径：业务工作/供应链/委外管理/委外订货/委外订单列表

菜单路径：业务工作/供应链/委外管理/月末结账

（1）双击委外订单列表，弹出"查询条件选择"窗口，单击"确定"按钮，显示当月所有委外订单，单击"全选"按钮选中所有订单，如图11-7所示。

图11-7 委外订单列表

（2）单击"批关"按钮，即关闭所有委外订单。

（3）对委外管理系统进行月末结账，选中需要结账的月份，单击"结账"按钮，弹出"月末结账"对话框，提示关闭已完成的委外订单，单击"否"按钮，即完成委外系统的结账，操作结果如图11-8所示。在未处理下月业务之前也可以取消结账。

图11-8 委外管理系统月末结账

4．库存管理系统月末结账

岗位：业务主管

菜单路径：业务工作/供应链/库存管理/月末结账

对库存管理系统进行月末结账，选中需要结账的月份，单击"结账"按钮，在弹出的"库存管理"提示框中单击"是"按钮，即不能修改期初数据，操作结果如图11-9所示，在未处理下月业务之前也可以取消结账。

图11-9 库存管理系统月末结账

注意:

- 只能对当前会计月进行结账,即只能对最后一个结账月份的下一个会计月进行结账。月末结账后将不能再做当前会计月的业务,只能做下个会计月的日常业务。
- 上月如果未结账,本月单据可以正常操作,不影响日常业务的处理,但本月不能结账。
- 本月还有未审核或未复核的单据时,结账时系统提示"存在未审核的单据,是否继续进行月末结账?",用户可以选择继续结账或取消结账,即有未审核的单据仍可进行月末结账。
- 结账前用户应检查本会计月工作是否已全部完成,只有在当前会计月所有工作全部完成的前提下,才能进行月末结账,否则会遗漏某些业务。
- 月末结账前用户一定要进行数据备份,否则数据一旦发生错误,将会造成无法挽回的损失。
- 月末结账功能为独享功能,与系统中所有功能的操作互斥,即在操作本功能前,应确定其他功能均已退出;在网络环境下,要确定本系统所有的网络用户退出了所有的功能。

【系统功能说明】

(1) 从系统整体而言,先对业务子系统进行月末结账,再对财务子系统月末结账,最后完成总账系统月末结账,即完成一个会计期的业务及财务处理工作。

(2) 取消结账:当某月结账后发现错误,可以按"取消结账"恢复为结账前状态,待处理正确后再进行结账。不允许跳月取消月末结账。只能从最后一个月逐月取消。

(3) "销售管理""委外管理""采购管理"月末结账后,才能进行"库存管理""存货核算""应付款管理""应收款管理"的月末结账。

(4) 如果"采购管理""委外管理""销售管理"要取消月末结账,必须先通知"库存管理""存货核算""应付款管理""应收款管理"的操作人员,要求他们的系统取消月末结账。

(5) 如果"库存管理""存货核算""应付款管理""应收款管理"中的任何一个系统不取消月末结账,则不能取消"采购管理""委外管理""销售管理"的月末结账。

【思考题】

为什么要进行月末处理?如何取消月末结账?

第 12 章

物料清单

12.1 业务概述

12.1.1 功能概述

物料清单(Bill Of Material，BOM)是生产制造进行主生产计划和物料需求规划的基础，同时也是编制生产与采购计划、配套领料、跟踪物流、把握生产、计算成本、投资报价、改变产品设计都需要参照的重要文件。

从物料清单的层次结构中，可显示出所有与母件关联的子件，以及每一物料如何与母件相关联的信息。

本实验主要针对产品的物料清单进行建立和维护的工作。

12.1.2 相关子系统功能模块之间的关系

物料清单模块与其他子系统之间的关系，如图 12-1 所示。

图 12-1 物料清单模块与其他子系统之间的关系

12.1.3 应用准备

在建立物料清单之前,应在存货档案中建立料品的基本信息。料品基本信息的建立主要包括如下三个方面。
- 料品基本资料:存货代码、存货名称、计量单位、存货属性、税率、库存资料等。
- 料品计划资料:存货的提前期、供需政策等 MPS 和 MRP 规划资料。
- 料品成本资料:存货的成本计价方式等资料。

12.2 系统业务流程

12.2.1 日常业务流程

物料清单管理日常业务处理流程,如图 12-2 所示。

图 12-2 物料清单日常业务处理流程

12.2.2 主要业务内容

1. 物料清单资料维护

对企业要销售给客户的产品都需要建立物料清单。物料清单又称为产品结构清单,它包含了与母件相关联的子件的需求数量、损耗率、生效日与失效日,以及物料计划资料等信息。

2. 物料清单逻辑查验

物料清单不仅是生产订单、外协领料的依据,而且也是生产排程、成本计算的依据。物料清单一旦发生错误,会引发 MPS、MRP 规划数据错误,最终导致供货品种、数量不能满足实际需求,因此,必须保证物料清单的正确性。

物料清单逻辑查验可以帮助检查物料清单中是否存在料品成为本身子件的逻辑错误。物料清单建档完成后,或物料清单中的某些料品被取代后,为确保物料清单无误,可运行物料清单逻辑查验程序进行检查。

3. 物料清单物料取代

当物料编码需要更改或原先物料要被新物料取代时,运行此功能,可以用新物料整批替换旧物料。

4. 物料清单物料删除

删除物料清单中不再采用的物料的相应母件或子件资料。执行删除后,该物料无论是母件还是子件,其原有的结构关系一律消失。

5. 物料低阶码推算

低阶码推算就是由计算机自动推算所有料品在不同 BOM 中最低的阶码,作为成本管理系统物料成本计算的依据。当新增或更改主要物料清单(包括公用清单、BOM 子件的替换料)后,各物料的低阶码应重新推算。

6. 物料清单查询打印

建立物料清单之后,可以进行母件及子件结构、标准用料查询打印等相关作业,以查验物料清单的正确性。

12.3 实验十一 物料清单维护

【实验目的】

理解物料清单的作用,掌握物料清单的相关概念及基本操作。

【实验要求】

以操作员的身份进入系统进行操作。

【实验资料】

1. 实验数据准备

(1) 修改系统时间为"2019-09-02"。

(2) 引入"物料清单数据准备"数据账套。

2. 实验资料

企业生产的主要产品为"电子挂钟",其物料清单结构资料如图 12-3 和表 12-1 所示。根据所给的资料维护"电子挂钟"的物料清单,完成如下工作内容。

(1) 建立"电子挂钟"的物料清单。
(2) 进行低阶码推算。
(3) 对建好的物料清单进行逻辑查验。
(4) 查询"电子挂钟"物料清单结构表。
(5) 若要生产"电子挂钟"1000 个,需要多少数量的子件料品。
(6) 查询料品"塑料"的母件料品。

图 12-3 "电子挂钟"物料清单结构

表 12-1 物料清单结构表

子件阶别	母件编码	母件名称	子件编码	子件名称	子件计量单位	基本用量	基础数量	使用数量
+	10000	电子挂钟	11000	机芯	个	1	1	1
+	10000	电子挂钟	12000	钟盘	个	1	1	1
+	10000	电子挂钟	14000	电池	节	2	1	2
+	10000	电子挂钟	13000	钟框	个	1	1	1
++	12000	钟盘	12100	长针	根	1	1	1
++	12000	钟盘	12200	短针	根	1	1	1
++	12000	钟盘	12300	秒针	根	1	1	1
++	12000	钟盘	12400	盘面	个	1	1	1

(续表)

子件阶别	母件编码	母件名称	子件编码	子件名称	子件计量单位	基本用量	基础数量	使用数量
+++	12100	长针	12010	铝材	千克	0.02	1	0.02
+++	12200	短针	12010	铝材	千克	0.01	1	0.01
+++	12300	秒针	12010	铝材	千克	0.02	1	0.02
+++	12400	盘面	12410	盘体	个	1	1	1
+++	12400	盘面	12420	字模	个	4	1	4
++++	12410	盘体	12411	塑料	千克	0.5	1	0.5
++++	12420	字模	12421	薄膜	米	0.05	1	0.05
++	13000	钟框	12411	塑料	千克	0.5	1	0.5

【操作指导】

1. 建立"电子挂钟"的物料清单

岗位：生产管理人员

菜单路径：业务工作/生产制造/物料清单/物料清单维护/物料清单资料维护

从高阶到低阶，从母件到子件，逐级输入料品资料，直到最后一级母件为止，即确立了"电子挂钟"产品的物料清单结构。母件为"电子挂钟"这一级的子件资料输入如图12-4所示，单击"增加"按钮，对其每一母件的子件资料逐项输入完成后，单击"保存"按钮，再单击"审核"按钮，其他母件同理操作。全部输入完成后的结果如图12-5所示。

图 12-4 输入物料清单

图 12-5　电子挂钟的物料清单

注意：

- 在物料清单中输入的料品，必须在存货档案中已经存在。
- 可以对多种产品建立物料清单结构。
- 若在第 1 章"系统应用基础"设置共用资料中已设置过物料清单资料，在本章无须重复设置。

2. 推算物料低阶码

岗位：生产管理人员

菜单路径：业务工作/生产制造/物料清单/物料清单维护/物料低阶码推算

3. 对物料清单进行逻辑查验

岗位：生产管理人员

菜单路径：业务工作/生产制造/物料清单/物料清单维护/物料清单逻辑查验

4. 查询"电子挂钟"物料清单结构表

岗位：生产管理人员

菜单路径：业务工作/生产制造/物料清单/物料清单查询报表/母件结构查询—多阶

双击"母件结构查询—多阶"命令，然后单击"确定"按钮，弹出查询条件窗口，在"母件编码"栏位中选择电子挂钟，单击"确定"按钮，即可查看生产"电子挂钟"的物料的全阶结构，如图 12-6、图 12-7 所示。

图 12-6 查询条件窗口

图 12-7 母件结构查询—多阶

5. 查询 1000 个 "电子挂钟" 所需子件料品的数量

岗位：生产管理人员

菜单路径：业务工作/生产制造/物料清单/物料清单查询报表/母件结构表—汇总式

双击"母件结构表—汇总式"命令，在"母件编码"栏位中选择电子挂钟，在"母件数量"栏位输入"1000"，单击"确定"按钮，即可查看电子挂钟的所有子件料品的用料情况，如图 12-8、图 12-9 所示。

图 12-8　查询条件窗口

图 12-9　子件用量查询

6. 查询"塑料"的母件料品资料

岗位：生产管理人员

菜单路径：业务工作/生产制造/物料清单/物料清单查询报表/子件用途查询—多阶

双击"子件用途查询—多阶"命令，然后单击"确定"按钮，在如图 12-10 所示的查询条件窗口中的"子件编码"栏位中选择"塑料"，单击"确定"按钮，即可查看子件"塑料"的上级母件的全阶结构，如图 12-11 所示。

图 12-10 查询条件对话框

图 12-11 子件"塑料"的上级母件查询—多阶

【思考题】

建立"东方纪念表"(编码 20000)的物料清单:为庆祝企业建厂 10 周年,特制 1000 个电子座钟,要求盘体上专门印制纪念文字,秒针为卡通造型,配 12 个字模和进口电池。工程部经过研究确认,确定"东方纪念表"的物料清单结构如图 12-12 所示。

图 12-12 "东方纪念表"的物料清单结构

第13章 工程变更

13.1 业务概述

13.1.1 功能概述

工程变更系统是对工程物料清单和工程工艺路线及变更过程的管理与控制。其目的是协助工程部门及生产和物料管理部门，监控设计变更过程的各项工作，提供所需的相关信息，以减少设计变更造成的损失。其中，物料的工程物料清单是建立物料清单可选择性的依据；物料的工程工艺路线是建立工艺路线的可选择性依据。"工程变更系统"所建立的工程物料清单和工程工艺路线，可发行至"物料清单"系统和"基础档案"系统，以便增加新的物料清单和工艺路线或修改现有版本的物料清单和工艺路线。

本实验是对物料的工程物料清单和工程工艺路线的变更过程进行的管理操作。

13.1.2 相关子系统功能模块之间的关系

工程变更与其他子系统之间的关系，如图13-1所示。

图13-1 工程变更与其他子系统之间的关系

13.1.3 应用准备

(1) 建立账套：选择 2007 年新会计制度科目，设置单位信息、分类编码方案、数据精度等。

(2) 启用"工程变更""物料清单""车间管理""生产订单模块"。

(3) 设置操作员权限管理。

(4) 设置基础档案：部门档案、职员档案、存货分类、计量单位、存货档案、供应商分类、供应商档案、工作中心、资源资料、标准工序资料等。

(5) 基本资料维护：使用"工程变更"模块时，"工程变更等级档案""工程变更原因档案"是系统内部首先需要建立的基础资料。

13.2 系统业务流程

13.2.1 日常业务流程

工程变更业务处理流程，如图 13-2 所示。

图 13-2　工程变更日常业务处理流程

13.2.2 主要业务内容

1. 工程变更原因维护

为了满足客户需求或出于成本和质量方面的考虑，企业需要对产品的设计进行更改，因此需要维护工程变更原因资料。

2. 工程变更等级维护

说明变更作业对料品的影响程度。例如，考虑修改已入库的完成品，或已完成而未入库的在制品，或只考虑修改尚在生产中的在制品。

3. 工程变更申请单输入与审核

填写具体的变更内容，如增加的料品、修改的料品及生效、失效日期等。

4. 工程物料清单维护和工程工艺路线维护

根据工程变更单生成工程物料清单和工程工艺路线。

5. 发行工程变更单

工程变更单经过相关人员的讨论确立后，将工程物料清单和工程工艺路线转变成物料清单和工艺路线资料。

物料清单和工艺路线作为企业组织生产、编排计划、生产用料控制、生产进度控制的基础资料，它的变化直接影响企业的各个方面，因而应对其产生和变化过程进行严格管控。

6. 工程变更查询报表

查询工程变更资料，打印工程变更单，送交有关部门的相关人员。

13.3 实验十二 工程变更管理

【实验目的】

理解工程变更的作用，掌握工程变更的相关概念及基本操作。

【实验要求】

以操作员的身份进入系统进行操作。

【实验资料】

1. 实验数据准备

(1) 修改系统时间为"2019-09-06"。

(2) 引入"基础资料数据准备"数据账套。

2. 实验资料

(1) 工程变更等级维护,资料如表13-1所示。

表13-1 工程变更等级维护

变更等级代号	变 更 等 级	等 级 说 明
001	1	修改已入库的完成品
002	2	修改已完成而未入库的在制品
003	3	修改尚在生产中的在制品

(2) 工程变更原因维护,资料如表13-2所示。

表13-2 工程变更原因维护

变更原因代号	原 因 说 明
001	客户要求
002	降低成本
003	改善质量

(3) 在存货档案的半成品类别中补充输入"进口电池"(编码22000),其他信息同"电池(14000)"。补充输入工作中心的资料为0100,工作中心名称为"喷漆工作中心",隶属部门为"生产部";资源资料代号为0004,资源名称为"高级技工",工作中心为"0010喷漆工作中心",可用数量为5人;标准工序资料工序代号为0004,工序说明为"喷漆",工时(分子)为1,工时(分母)为60。操作方法参见第1章内容。

(4) 对工程变更单进行输入与审核,并输入两个工程变更单。一个是变更主要物料的清单:根据客户要求,电子挂钟需要配进口电池。技术部提出工程变更申请,将电子挂钟所配电池(编码14000)从2019年10月2日起改为进口电池(编码22000)。另一个是变更主要工艺路线:为了提高产品质量,对长针进行工艺改进,增加一道"喷漆"工序,所用资源为高级技工,5人,工时(分子)为1和工时(分母)为60。

(5) 对工程物料清单进行变更维护,生成一个新版本的物料清单,版本说明替换为201910,预计生效日为2019-10-02。

(6) 对工程工艺路线进行变更维护,生成一个新版本的工艺路线,版本说明替换为201910,预计生效日为2019-10-02。

(7) 工程变更申请的发行处理。

【操作指导】

1. 工程变更等级资料维护

岗位：产品设计人员

菜单路径：业务工作/生产制造/工程变更/基本资料维护/工程变更等级资料维护

单击"增加"按钮，输入变更等级资料。操作结果如图 13-3 所示。

图 13-3　工程变更等级资料维护

2. 工程变更原因资料维护

岗位：产品设计人员

菜单路径：业务工作/生产制造/工程变更/基本资料维护/工程变更原因资料维护

单击"增加"按钮，输入变更原因资料。操作结果如图 13-4 所示。

图 13-4　工程变更原因资料维护

3. 在存货档案中补充输入"进口电池"的资料

岗位：仓库管理人员

菜单路径：企业应用平台/基础设置/基础档案/存货/存货档案
菜单路径：企业应用平台/基础设置/基础档案/业务/工作中心维护
菜单路径：企业应用平台/基础设置/基础档案/生产制造/资源资料维护
菜单路径：企业应用平台/基础设置/基础档案/生产制造/标准工序资料维护

4. 工程变更单输入与审核

岗位：产品设计人员

菜单路径：业务工作/生产制造/工程变更/单据资料维护/工程变更单维护

单击"增加"按钮，输入资料，操作结果如图13-5、图13-6所示。

图 13-5　工程变更单维护(物料清单)

图 13-6　工程变更单维护(工艺路线)

5. 工程物料清单维护

岗位：产品设计人员

菜单路径：业务工作/生产制造/工程变更/工程变更资料维护/工程物料清单维护

单击"增加"按钮，选择"变更单号"，单击工具栏上的"复制"按钮，选择"复制来源"为"生产"，输入母件编码为"10000—电子挂钟"，如图 13-7 所示，单击"确定"按钮，返回"工程物料清单维护"窗口。修改"电池"为"进口电池"，单击"保存"按钮，完成工程物料清单生成，如图 13-8 所示。

图 13-7 物料清单复制

图 13-8 工程物料清单生成

> 注意：
>
> ◆ 可以手工输入物料清单内容，也可以用"复制"功能。"复制"功能可以复制原有的物料清单内容，在此基础上修改可以提高工作效率。

第 13 章 工程变更

- 执行该功能之前,要将新的料品资料补充输入存货档案,属性为外购、自制或委外。
- 工程变更单中的"变更类别"和"类别"栏位,必须选择为主要物料清单时,方可建立工程物料清单。

6. 工程工艺路线维护

岗位:产品设计人员

菜单路径:业务工作/生产制造/工程变更/工程变更资料维护/工程工艺路线维护

操作与"工程物料清单维护"同理。结果如图 13-9、图 13-10 所示。

图 13-9 工艺路线资料复制

图 13-10 工程工艺路线维护

277

> **注意：**
> - 可以手工输入工艺路线内容，也可以用"复制"功能。"复制"功能可以复制原有的工艺路线内容，在此基础上修改可以提高工作效率。
> - 执行该功能之前，要补充输入工作中心的资料、资源资料和标准工序资料。
> - 工程变更单中的"变更类别"和"类别"栏位，必须选择为主工艺路线时，方可建立工程工艺路线。

7. 工程变更申请的发行处理

岗位：产品设计人员

菜单路径：业务工作/生产制造/工程变更/单据资料维护/工程变更单维护

菜单路径：业务工作/生产制造/工程变更/单据资料维护/工程变更单处理

有两种方法可以完成此项工作，即单张发行(见图13-11)和成批发行(见图13-12)。

(1) 如图13-11所示，单击"审核"按钮，在"工程变更单"已审核状态下，单击工具栏上的"发行"按钮，将完成审批的工程变更单发行处理。

图13-11 工程变更单的审批及发行

(2) 可以将已审核未提交的工程变更单关闭以取消本次变更，也可以将已关闭的工程变更单打开，继续执行变更任务。已提交和关闭后的单据及内容不可被删除和修改。

(3) 可以将完成审批的工程变更单"发行"处理，将变更内容传递到"物料清单"模块和"车间管理"模块，发行后的"工程变更单"不可再进行任何操作。工程变更单发行时，物料清单和工艺路线状态为"审核"。

(4) 如图13-12所示，利用"工程变更单处理"功能，可以成批处理工程变更单，包括批次打印、批次审核与弃审、批次关闭与打开、批次提交、批次发行。

工程变更 第13章

图 13-12 工程变更单整批处理

注意：

- 在提交、发行工程变更单之前，可以打开关闭变更单，可以弃审，恢复到未审核状态，对变更单继续修改。
- 工程物料清单是指尚未发行进行生产的产成品、部件的物料清单，可能是设计、修改过程中的物料清单或偶尔被采用的替代物料清单。
- 工程工艺路线是指尚未发行用于生产的产成品、部件的工艺路线，可能是设计、修改过程中的工艺路线或偶尔被采用的替代工艺路线。
- 工程物料清单和工程工艺路线两者一经发行，即生成正式的 BOM 和工艺路线资料，供生产使用。可在"物料清单"中查询到新生成的物料清单；在"车间管理"中可查到新生成的物料工艺路线资料，供生产产品使用。

【思考题】

工程变更管理有何意义？主要业务内容是什么？操作流程是什么？

第 14 章

设备管理

14.1 业务概述

14.1.1 功能概述

设备管理系统的工作是由设备部门的设备管理人员、维修工程师、车间维修人员,以及各个设备使用部门的设备管理和维修人员等来完成的。

该系统提供设备的使用维护信息管理,将设备的预防性维修与事后修理相结合,建立起一个集设备计划、使用、保养、维修等功能于一体的设备管理系统;通过编制周期设备计划,并根据事先的计划或者故障情况产生作业单,形成维修记录。通过查询设备报表,提高设备的监督和管理水平。

具体而言,即该系统提供企业的设备的使用信息管理、基础资料、辅助资料维护,统计日常运行情况和设备点检情况,制订保养和润滑计划,记录保养和润滑计划的执行情况;提供设备维修的作业管理,作业计划的制订,维修工单的执行情况及维修的验收记录;统计设备故障并分析原因,提出反馈等设备日常维护管理工作,实现用户维护设备的主要信息,根据设备运行、维修情况的统计数据进行分析,对设备进行预防性保养和维修,提高设备的使用寿命,从而降低成本,提高企业的经济效益。同时通过与固定资产相连接,可以查询设备的折旧情况;通过与存货基础资料的连接,有助于得到准确的库存备件信息,以及设备作业的备件需求。

本实验是针对企业生产经营活动中所使用的设备进行管理的操作,包括设备台账管理、设备运行管理、设备故障维护、作业管理、备件管理等内容。

14.1.2 相关子系统功能模块之间的关系

设备管理与其他系统功能模块之间的关系，如图 14-1 所示。

图 14-1　设备管理与其他系统功能模块之间的关系

1) 与固定资产的接口

设备管理系统的设备台账信息可以通过读取固定资产系统信息而建立，也可以通过固定资产系统进行更新。

可读取的字段包括资产编码、资产名称、部门编码、折旧方法编码、开始使用日期、电机数量、电机功率、存放地点、原值、外币原值、汇率、净残值、净残值率、累计减值准备金额、使用年限、会计期间。

可更新字段包括原值、净残值、净残值率、净值、累计减值准备金额、累计折旧、会计期间。

2) 与生产制造的接口

可查阅生产制造系统的班次信息并参照；设备管理系统中编制的作业计划可按生产制造系统中的计划开始日期与天数计算出完工日期；设备管理系统中编制的运行统计可以按照生产制造系统中的起始日期计算出有效工作天数。

3) 与库存管理的接口

在备件需求统计中可以参照存货代码，并可查看备件在库存管理系统中的库存现有量、到货在检量、调拨在途量、调拨待发量、待发货量、冻结量等。实现设备管理系统和库存的接口，有助于用户得到准确的库存备件信息，在保证提供设备维修所需要的备件以及提高设备的使用可靠性、维修性和经济性的前提下，尽量减少备件资金的占用。

14.1.3　应用准备

在正式使用设备管理系统之前，需将企业中要管理的设备资料全面整理，做好信息系统的准备工作，保证信息录入的完整准确。设备管理工作按照设备管理的生命周期来进行，包括设备台账管理、设备运行管理、设备故障维护、作业管理、备件管理及设备变更等内容。设备管理系统的使用照此模式进行。因此，使用设备管理系统前应做好如下准备。

- 建立账套：用户在新建账套时可以选择工业版，可设置用户单位信息、分类编码方案、数据精度等。

- 系统启用：在新建账套后，系统提示是否进行系统启用设置，只有设置了系统启用，才可使用相应系统。
- 权限管理：用户可以对操作员权限进行管理，包括功能权限、数据权限等。
- 基础档案：用户需要进行基础档案设置。"部门档案、职员档案、存货分类、计量单位、存货档案、仓库档案、自定义项"是使用"设备管理"模块应该先行建立的基础资料。
- 单据设置：用户可以对"设备管理"模块所有单据进行格式设置、编号设置。

14.2 系统业务流程

14.2.1 日常业务流程

设备管理日常业务流程，如图 14-2 所示。

图 14-2 设备管理日常业务流程图

14.2.2 主要业务内容

1. 设备管理基础资料输入

输入系统运行的基础资料,包括设备类别、设备状态、设备 ABC 分类、设备变更类型、作业类型、作业小组、运行状态、故障类型、位置等。

2. 建立设备类型台账和设备台账

建立设备档案。

3. 制订设备作业计划

对设备维修检查、保养润滑等作业进行计划。

4. 进行设备运行管理

记录测量点测得的数据、设备的故障情况和运行停机情况,统计设备故障率和利用率。

5. 进行备件管理

记录设备备件清单,并提取作业计划和未完成的作业单中的所用备件,生成备件毛需求,供计划、采购部门使用。

在提高设备的使用可靠性、维修性和经济性的前提下,尽量减少备件占用资金。

14.3 实验十三 设备管理

【实验目的】

理解设备管理的作用,掌握设备管理的相关概念及基本操作。

【实验要求】

以操作员的身份进入系统进行操作。

【实验资料】

1. 实验数据准备

(1) 修改系统时间为"2019-09-06"。
(2) 引入"基础资料数据准备"数据账套。

2. 实验资料

(1) 在供应商档案的"工业"类别中添加"北京重机厂"供应商，编码为"0050"，并在存货计量单位分组中增加"10-小时"，计量单位名称和编码为"20-小时"，"21-Hour"，换算率为"1"。

(2) 在存货档案中补充输入两个备件，属材料类存货，包括刀具（90001）、砂轮（90002）。默认仓库为备件仓库，存货属性勾选"备件""外购"，采购固定提前期均为 1 天，两者都参与成本及 ROP 计算。

(3) 输入设备管理的以下基础资料。

- 设备类别：1-生产用(分为 101-机床、102-车床 2 种)、2-非生产用。
- 设备状态：1-正常、2-维修、3-报废。
- 设备 ABC 分类：A 类为重点设备，B 类为主要设备，C 类为一般设备。
- 变更类型：1-验收移交、2-闲置封存、3-移装调拨、4-借用租赁、5-报废处理，变更内容为作业部门、使用部门。
- 作业类型：1-维修、2-保养、3-润滑、4-点检。
- 作业小组：建立 1～7 个小组。
- 运行状态：1-运行、2-维修停机、3-计划停机。
- 故障类型：1-甲、2-乙、3-丙。
- 位置：1-1 车间、2-2 车间。

(4) 输入设备类型台账和设备台账："机床"类下分"切割机床""冲压机床""抛光机床"。对设备作业内容进行作业计划：输入计划作业的项目、所用备件情况等并编制作业单。

(5) 对设备运行状况进行监督管理。

(6) 对维修设备所需的备件进行管理。

【操作指导】

1. 补充输入基础信息

岗位：采购管理人员、仓库管理人员
菜单路径：基础设置/基础档案/客商信息/供应商档案
菜单路径：基础设置/基础档案/存货/计量单位

2. 建立备件的存货档案资料

岗位：仓库/仓管员
菜单路径：基础设置/基础档案/存货/存货档案

3. 输入设备管理的基础资料

岗位：设备管理人员

菜单路径：业务工作/生产制造/设备管理/基础设置

4. 输入设备类型台账和设备台账

岗位：设备管理人员
菜单路径：业务工作/生产制造/设备管理/设备台账/设备类型台账
菜单路径：业务工作/生产制造/设备管理/设备台账/设备台账
设备类型台账如图14-3所示，设备台账如图14-4所示。

图14-3　设备类型台账

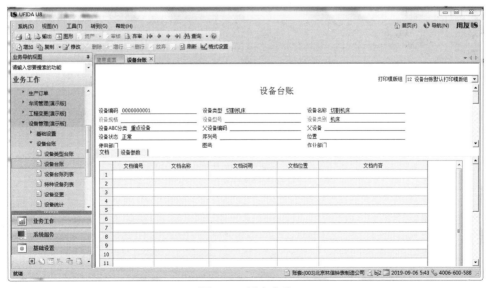

图14-4　设备台账

5. 对设备作业进行计划

岗位：设备管理人员
菜单路径：业务工作/生产制造/设备管理/作业管理/作业内容
菜单路径：业务工作/生产制造/设备管理/作业管理/作业计划
菜单路径：业务工作/生产制造/设备管理/作业管理/作业单

(1) 录入作业内容如图 14-5 所示。

图 14-5　录入作业内容

(2) 录入作业计划如图 14-6 所示。保存后，单击"审核"按钮，即完成对作业计划的审核。

图 14-6　录入作业计划

(3) 手工录入作业单：双击"作业单"命令，进入"作业单"界面，单击"增加"按钮，新增一个作业单，录入相关内容，单击"保存"按钮保存，单击"处理"中的"审核"按钮进行审核。由作业计划生成作业单的操作结果如图14-7所示。

图14-7 生成作业单

(4) 对故障记录生成作业单。

执行"运行管理"中的"故障记录"功能，进入"故障记录"界面，在表体的"作业计划标识"栏中，用户可以选择把当前行的故障情况生成作业计划或作业单，保存并审核后，单击"生成"按钮。

若选中"设备管理/基础设置/系统选项/其他"中的"作业通知"选项，则当故障记录生成作业单时，会弹出界面供用户选择"消息接收者"(可多选，选择界面只列出具有设备管理权限的操作员)，经确认后将作业单信息发送至"消息接收者"。发送的信息是"作业单编码、作业类型、对象编码、对象名称、故障类型、故障描述、故障开始时间"。当该选项不被选中时，则故障记录生成作业单时不弹出界面，也不发送消息，如图14-8所示。

图14-8 作业单启用作业通知

成功生成的作业单或作业计划，可以在"作业管理/作业单或作业计划"中进一步操作。

6. 对设备运行状况进行监督管理

岗位：设备管理人员
菜单路径：业务工作/生产制造/设备管理/运行管理/测量点
菜单路径：业务工作/生产制造/设备管理/运行管理/测量点记录
菜单路径：业务工作/生产制造/设备管理/运行管理/故障记录
菜单路径：业务工作/生产制造/设备管理/运行管理/运行记录
菜单路径：业务工作/生产制造/设备管理/运行管理/运行统计

(1) 设置测量点的操作，如图 14-9 所示。

图 14-9　设置测量点

(2) 记录测量点的情况，如图 14-10 所示。保存后，进行审核操作。

图 14-10　记录测量点

(3) 记录设备的事故与故障情况，如图 14-11 所示。保存后，进行审核操作。
(4) 运行记录的操作，如图 14-12 所示。保存后，进行审核操作。
(5) 运行统计的操作，如图 14-13 所示。

图 14-11 记录设备的事故与故障

图 14-12 设备运行记录

图 14-13 设备运行统计

7. 对维修设备所需的备件进行管理

岗位：设备管理人员

菜单路径：业务工作/生产制造/设备管理/备件管理/设备备件清单

菜单路径：业务工作/生产制造/设备管理/备件管理/备件需求统计

(1) 备件清单的输入操作。可手动输入，也可自动生成。当作业内容、作业计划、作业单制作完成被保存后，备件会自动加入备件清单，如图14-14所示。

图14-14 设备备件清单

(2) 备件需求统计操作。提取作业计划和未完成的作业单使用的备件，生成备件毛需求，供计划、采购部门使用。

用户可根据作业计划、作业单统计的备件需求、与备件的库存量相比较，用户可据此做备件的请购或做备件请购计划，以调整备件结构，如图14-15所示。

图14-15 备件需求统计

【思考题】

设备管理有何意义？主要业务内容是什么？操作流程是什么？

附 录

"ERP 生产管理系统" 实验操作向导

一、实验内容安排

1. 使用"简单方式",完成 8 个业务模块实验的学习。参见表 1-45、图 1-19 所示。
2. 在课堂讲授基础上,以学习、讨论、辅导等方式,开展企业业务活动处理的计算机实验。
3. 通过实验,对 ERP 业务流程熟练掌握,对功能熟练操作,对模块之间的关系有清楚的认识,对企业内部各部门的业务工作以及各部门之间的业务关系有全面的了解。

二、实验课程组织

1. 在机房,按班级、学号、固定座位进行组织。
2. 先完成单项实验,再完成综合实验。
3. 按照实验教程,认真做实验。要主动学习、勤于思考、多提问题。

三、实验验收考核

1. 每个人每次上机的实验完成情况。
2. 在规定时间内考查对全部业务数据处理的完成情况。
3. 上机实操综合实验考核。

四、实验数据准备

1. 初次使用,可以导入初始数据账套,开始"实验一";以后即可使用自己的数据账套,连续实验。
2. 数据备份与恢复:从系统管理中输出、引入数据账套。

五、相关资料

1. 料品资料

低阶码	料品代号	料品名称	供应形态	单位	供应批量	固定提前期+变动提前期(变动基数)	规划属性	期初数量	含税单价	所属仓库	供应商
+0	10000	电子挂钟	成品	个	30	1+1(200)	MPS	50		成品	
+1	11000	机芯	采购	个		3		20	30	半成品	上海昊恒工贸
+1	12000	钟盘	自制	个		2				半成品	
++2	12100	长针	自制	根		1				半成品	
++2	12200	短针	自制	根		1		1000		半成品	
++2	12300	秒针	自制	根		1		1000		半成品	
+++3	12010	铝材	采购	千克		4		20		原辅料	北京铝材厂
++2	12400	盘面	自制	个		1				半成品	
+++3	12410	盘体	委外	个		2			10	半成品	北京兴隆注塑厂
++++4	12411	塑料	采购	千克		1		1000	19	原辅料	江苏塑料二厂
+++3	12420	字模	自制	个		2		300		半成品	
++++4	12421	薄膜	采购	米		1		1000	8	原辅料	上海昊恒工贸
+1	13000	钟框	委外	个		2			9	半成品	北京兴隆注塑厂
+1	14000	电池	采购	个	10	1		10		半成品	上海昊恒工贸

2. 电子挂钟的物料清单(BOM 结构)

六、实验内容与操作向导

实验一　客户订货业务

【实验资料】

① 向湖北华联商厦报价。报价单：电子挂钟(编号 10000)数量 100 个，含税单价 120 元/个。

② 审核报价单。

③ 湖北华联商厦要求降价，领导同意按湖北华联商厦的要求调降价格。在报价单上直接修改，将含税单价改为 115 元/个。

④ 根据报价单生成销售订单，将"完工及预发货日"改为：当前日推后 10 天。

⑤ 手动输入一张销售订单。客户：西单商场；完工及预发货日期为：当前日推后 15 天；料品：电子挂钟(编号 10000)数量 400 个，含税单价 100 元/个。

⑥ 审核此销售订单。

【操作指导】

1. 输入报价单

业务内容：在获得客户订货信息后，查询该客户或料品的报价历史单价，输入报价单；将已录入的报价单打印或传递给销售主管以便审核。

岗位：销售部门/业务员

菜单路径：业务工作/供应链/销售管理/销售报价/销售报价单

2. 审核报价单

业务内容：可以授权业务员进行审核处理；打印报价单传给(传真机或 E-mail)客户进行确认。

岗位：销售部门/销售主管

菜单路径：业务工作/供应链/销售管理/销售报价/销售报价单

3. 修改并审核报价单

业务内容：对已审核确认的报价单，销售主管进行弃审，待业务员修改后，销售主管再重新审核。

岗位：销售部门/销售主管、业务员

菜单路径：业务工作/供应链/销售管理/销售报价/销售报价单

4. 报价单转销售订单作业

业务内容：成功的报价单经过审核后，就可以转为正式的销售订单，避免二次录入的工作量。

岗位：销售部门/业务员

菜单路径：业务工作/供应链/销售管理/销售订货/销售订单

5. 手动输入一张销售订单
业务内容：获得客户订货信息后，人工输入销售订单。
岗位：销售部门/业务员
菜单路径：业务工作/供应链/销售管理/销售订货/销售订单

6. 审核销售订单
业务内容：业务员将销售订单明细资料传送或打印出来，呈报销售主管审核确认，销售主管对销售订单资料无异议，也可授权业务员进行审核处理。(已输入的销售订单只有经过审核，才能更新产品预约量和客户信用余额，才能作为出货的依据。如果进行客户信用控制，当客户信用余额不足时，系统将提示请求审批。若不审批，则订单被保留等待审核，被保留的销售订单不能据以出货，需要主管批准增加客户信用额度或客户预交款后才能通过审核，转为可使用的销售订单)。
岗位：销售部门/销售主管、业务员
菜单路径：业务工作/供应链/销售管理/销售订货/销售订单

思考题：如何进行客户信用控制？它有何意义？

实验二　生产排程业务

【实验资料】

① MPS 计划前稽核作业，累计提前天数推算。
② MPS 计划参数维护。预测版本：选择某版本；时栅：0001；截止日期：比当前系统时间推后 1 个月。
③ MPS 计划生成。
④ MPS 计划作业的供需资料查询，查看电子挂钟的计划内容(规划数量和时间)。
⑤ MRP 计划前稽核作业：累计提前天数推算与库存异常状况查询。
⑥ MRP 计划参数维护
⑦ MRP 结果生成
⑧ MRP 供需资料查询，查看每个物料的计划内容(规划数量和时间)。
⑨ 如果物料的规划状态为"逾期"，请问如何处理才能使得计划不再显示此异常状态？

【操作指导】

1. MPS 累计提前天数推算、库存异常状况查询
业务内容：物料的固定提前期或主要物料清单更改时，执行本作业，以计算各物料的累计提前天数，并更新存货主档及 MPS 系统参数的最长累计提前天数。
业务内容：查询各仓库中现存量为负值的不正常物料资料，供 MPS 展开前查核之用。

岗位：规划人员

菜单路径：业务工作/生产制造/主生产计划/MPS 计划前稽核作业/累计提前天数推算

菜单路径：业务工作/生产制造/主生产计划/MPS 计划前稽核作业/库存异常状况查询

2. MPS 计划参数维护

岗位：规划人员

菜单路径：业务工作/生产制造/主生产计划/基本资料维护/MPS 计划参数维护

3. MPS 计划生成

业务内容：系统依据物料的需求来源(需求预测及客户订单)，考虑现有物料存量和锁定、已审核订单(采购请购单、采购订单、生产订单、委外订单)余量，及物料提前期、数量供需政策等，自动产生 MPS 件的供应计划。

岗位：规划人员

菜单路径：业务工作/生产制造/主生产计划/MPS 计划作业/MPS 计划生成

4. MPS 计划作业的供需资料查询，查看电子挂钟的计划内容(规划数量和时间)

业务内容：按销售订单或物料，查询、打印 MPS/MRP 计划的供应需求资料及供需资料的计算过程。

岗位：规划人员

菜单路径：业务工作/生产制造/主生产计划/MPS 计划作业/供需资料查询-物料

5. MRP 累计提前天数推算、库存异常状况查询

业务内容：物料的固定提前期或主要物料清单更改时，执行本作业，以计算各物料的累计提前天数，并更新存货主档及 MRP 系统参数的最长累计提前天数。

业务内容：查询各仓库中现存量为负值的不正常物料资料，供 MRP 展开前查核之用。

岗位：规划人员

菜单路径：业务工作/生产制造/需求规划/MRP 计划前稽核作业/累计提前天数推算

菜单路径：业务工作/生产制造/需求规划/MRP 计划前稽核作业/库存异常状况查询

6. MRP 计划参数维护

菜单路径：业务工作/生产制造/需求规划/基本资料维护/MRP 计划参数维护

7. MRP 计划生成

业务内容：系统依据物料的需求来源(主生产计划、需求预测及客户订单)，按物料清单，考虑现有物料存量和锁定、已审核订单(采购请购单、采购订单、生产订单、委外订单)余量，及物料提前期、数量供需政策等，自动产生 MRP 件的供应计划。

岗位：规划人员

菜单路径：业务工作/生产制造/需求规划/计划作业/MRP 计划生成

8. MRP 供需资料查询，查看每个物料的计划内容(规划数量和时间)

业务内容：按销售订单或物料，查询、打印 MPS/MRP 计划的供应需求资料及供需资

料的计算过程。

岗位：规划人员

菜单路径：业务工作/生产制造/需求规划/计划作业/供需资料查询-物料

9. 修改销售订单的完工日期和预发货日期

菜单路径：业务工作/供应链/销售管理/销售订货/销售订单

思考题：

1. 查看每个物料的 MPS、MRP 运行结果，并详细分析所有物料的供需时间和供需数量。
2. 若物料需求计划(MRP)中某物料的规划状态显示为"逾期"，请解释原因，应该如何处理该异常情况，以使计划可行？

实验三　采购业务

【实验资料】

① 仓管部李丽填写一张请购单请购料品：需求物料：机芯(编号 11000)100 个；需求日期：推后 8 天。
② 审核请购单。
③ 请购转采购业务处理，进行审核采购订单。
④ 根据 MPS/MRP 的运行结果，生成采购订单。
⑤ 根据采购订单业务，填写到货单。
⑥ 对采购的料品进行入库处理。
⑦ 登记采购专用发票。

【操作指导】

1. 采购业务期初记账

业务内容： 初次使用系统，要输入初值，将采购期初数据记入有关采购账；期初记账后，期初数据不能增加、修改，除非取消期初记账，记账后即可输入日常采购单据。期初记账后输入的入库单、发票都是启用月份及以后月份的单据。启用日期为当前月的第 1 天，启用日期前的数据为期初数据。

菜单路径：业务工作/供应链/采购管理/设置/采购期初记账

2. 请购单输入

业务内容： 非采购部门向采购部门提出请购申请。采购员输入请购单。

岗位：申购部门/申购员

菜单路径：业务工作/供应链/采购管理/请购/请购单

3. 请购单审核
   业务内容：采购员将请购单打印出来交由经理审批，经理授权采购员进行审核处理。
   岗位：申购部门的主管
   菜单路径：业务工作/供应链/采购管理/请购/请购单

4. 请购转采购处理
   业务内容：采购员将已审核且经过供应商确认的请购单转为锁定状态的采购订单(重新运行 MPS、MRP 计算时不会对锁定的采购订单产生影响)。
   岗位：采购部门/采购员
   菜单路径：业务工作/供应链/采购管理/采购订货/采购订单

5. 根据 MPS/MRP 的运行结果生成采购订单
   业务内容：采购订单可以手工录入，也可以参照请购单、销售订单、采购计划(MRP/MPS)生成。
   岗位：采购部门/采购员
   菜单路径：业务工作/供应链/采购管理/采购订货/采购订单

6. 填写到货单
   业务内容：采购到货是采购订货和采购入库的中间环节，一般由采购业务员根据供方通知或送货单填写，确认对方所送货物、数量、价格等信息，以入库通知单的形式传递到仓库作为保管员收货的依据。
   岗位：采购部门/采购员
   菜单路径：业务工作/供应链/采购管理/采购到货/到货单

7. 将所采购货物全部入库
   业务内容：收料、验收入库。若直接验收入库，有质量问题再进行验退。
   岗位：仓库/仓管员
   菜单路径：业务工作/供应链/库存管理/入库业务/采购入库单

8. 填写采购专用发票
   业务内容：系统将供应商开具的采购发票进行登记记录，根据采购发票可以确认采购成本，并据以登记应付账款。分为专用发票、普通发票和运费发票。专用发票的单价是无税单价。普通发票中包括普通发票、废旧物资收购凭证、免税农产品收购凭证、其他票据，单价是含税单价、金额是价税合计。
   岗位：采购部门/采购员
   菜单路径：业务工作/供应链/采购管理/采购发票/专用采购发票

思考题：如何理解采购订单与 MPS、MRP 之间的关系？

实验四　委外业务

【实验资料】

① 根据 MPS/MRP 的结果，自动生成委外订单。
② 对委外订单进行审核。
③ 委外商领料，将应领用的料品全部领走。
④ 委外的料品到货，填到货单。
⑤ 委外加工的料品完工入库。
⑥ 登记委外专用发票。

【操作指导】

1. 委外业务期初记账

业务内容：初次使用系统，要输入初值，将委外期初数据记入有关委外账；期初记账后，期初委外入库单不能增加、修改，除非取消期初记账。期初记账后输入的入库单都是启用月份及以后月份的单据，但期初记账后还可以增加期初材料出库单。启用日期为当前月的第 1 天，启用日期前的数据为期初数据。

菜单路径：业务工作/供应链/委外管理/委外期初/期初记账

2. 生成委外单

业务内容：生产计划人员向委外商询价，签订委托加工合同后，生产计划人员录入委外单；或经过 MPS、MRP 自动规划后，规划人员要对建议规划量进行查核，确认生成了委外单(未审核委外单)。

岗位：生产计划人员

菜单路径：业务工作/供应链/委外管理/委外订货/委外订单

3. 委外单审核

业务内容：委外单由生产部门经理审核确认；打印出委外单，由生产部门经理签字，作为正式合同，经委外商确认后，打印出来送达委外商和仓库，仓库凭委外单备料，委外商凭委外单到企业仓库领料。

岗位：生产部门经理

菜单路径：业务工作/供应链/委外管理/委外订货/委外订单

4. 委外商领料

业务内容：委外商接到委外单后，就可到企业仓库进行领料。

岗位：仓库/仓管员

菜单路径：业务工作/供应链/库存管理/出库业务/材料出库单

5. 委外加工的料品完工到货，填写到货单。

业务内容：委外到货是委外订货和委外入库的中间环节，一般由委外业务员根据供方通知或送货单填写，确认对方所送的委外加工货物、数量、价格等信息，以到货通知单的形式传递到仓库作为保管员收货的依据。

菜单路径：业务工作/供应链/委外管理/委外到货/到货单

6. 委外业务完成，填写入库单。

业务内容：委外加工完成后，仓管员要收料入库。

岗位：仓库/仓管员

菜单路径：业务工作/供应链/库存管理/入库业务/采购入库单

7. 填写委外专用发票

业务内容：系统将根据委外供应商开出的记载委外件加工费的委外发票在系统中进行登记，以此凭证确认委外加工成本，并据以登记应付账款，分专用发票、普通发票和运费发票。专用发票的单价是无税单价，普通发票的单价是含税单价。

岗位：生产管理人员

菜单路径：业务工作/供应链/委外管理/委外发票/专用委外发票

思考题：如何理解委外订单与 MPS、MRP 之间的关系？

实验五　生产加工业务

【实验资料】

① 查核并确认 MPS/MRP 所产生的建议自制量，并自动生成生产订单。制造部门：生产部。

② 生产订单的审核处理。

③ 按照生产订单进行领料。注意：要按料品生产的先后顺序领料，逐级生产(可由开工、完工时间看出)。

④ 产品加工完毕后，按生产订单直接验收入库。

【操作指导】

1. 生产订单自动生成

业务内容：查核并确认 MPS/MRP 所产生的建议自制量，并自动生成生产订单。

岗位：规划人员

菜单路径：业务工作/生产制造/生产订单/生产订单生成/生产订单自动生成

2. 生产订单审核处理

业务内容：按生产订单、销售订单、生产线、生产部门角度，审核、弃审、关闭、还原生产订单，并可执行产品入库报检作业。

岗位：生产计划人员

菜单路径：业务工作/生产制造/生产订单/生产订单处理/生产订单整批处理

3. 按生产订单领料

业务内容：制造部门持生产订单到仓库领料，仓管员录入领料的内容和数量，便于准确计算库存。

岗位：仓库/仓管员

菜单路径：业务工作/供应链/库存管理/出库业务/材料出库单

4. 产品加工完毕入库

业务内容：制造部门生产的制品完工后，应该立即入库，仓管员要及时录入入库单，并更新各料品的现存量。

岗位：仓库/仓管员

菜单路径：业务工作/供应链/库存管理/入库业务/产成品入库单

思考题：如何理解生产订单与MPS、MRP之间的关系？

实验六 销售发货业务

【实验资料】(开票直接发货方式)

① 销售货品并开具专用发票。对所有客户订购的货品进行发货。
② 查看发货单。
③ 审核销售出库单。
④ 查询库存现存量。
⑤ 录入发货签回单。

【操作指导】(开票直接发货方式)

1. 填写专用销售发票

在开票、发货之前，将计算机系统日期改为销售订单的发货日期。

业务内容：企业给客户开具销售专用发票及其所附清单。销售发票被复核后，可以自动生成发货单和待审核的销售出库单。销售发票是销售收入确认、销售成本计算、应交销售税金确认、应收账款确认的依据。

岗位：销售部门/业务员

菜单路径：业务工作/供应链/销售管理/销售开票/销售专用发票

2. 查询发货单

业务内容：发货单是销售方给客户发货的凭据。销售部门业务员查询销售发票生成的发货单，并检查客户的信用余额，发货数量是否超越允收上限或下限，或客户购买的货物是否库存不足。打印发(退)货单(一式五份)，一份交于仓库管理人员作为销售出库的原始依据。

岗位：销售部门/业务员

菜单路径：业务工作/供应链/销售管理/销售发货/发货单

3. 审核销售出库单

业务内容：销售出库单是销售出库业务的主要凭据，在"库存管理"系统中用于存货出库数量核算，在"存货核算"系统中用于存货出库成本核算。

岗位：仓管人员

菜单路径：业务工作/供应链/库存管理/出库业务/销售出库单

4. 现存量查询

岗位：仓管人员

菜单路径：业务工作/供应链/库存管理/报表/库存账/现存量查询

5. 录入发货签回单

业务内容：发货签回单是客户在收到货物以后，在发货单上签名的结果或是签收的单据。发货单是客户方给销售方签收货物的凭据。

岗位：销售部门/业务员

菜单路径：业务工作/供应链/销售管理/发货签回/发货签回单

思考题：如何理解采购、生产、库存、销售业务活动之间的关系？

实验七 财务制单业务

【实验资料】

① 对会计科目进行辅助项设置：应收账款和预收账款设为客户往来辅助核算，受控系统为应收系统；应付账款和预付账款设为供应商往来辅助核算，受控系统为应付系统。

② 应付款管理选项设置。

③ 应付账款的初始设置。

④ 对已生成的应付款发票进行审核。

⑤ 应付账款凭证的制单处理。

⑥ 应收款管理选项设置。

⑦ 应收账款的初始设置。

⑧ 对已生成的应收款发票进行审核。

⑨ 应收账款凭证的制单处理。

⑩ 在总账模块中查询应收账款、应付账款凭证的内容。

【操作指导】

1. 会计科目进行辅助项设置

菜单路径：基础设置/基础档案/财务/会计科目

2. 凭证类别设置

菜单路径：基础设置/基础档案/财务/凭证类别

3. 应付款管理选项设置

应付账款核算模型：选择简单核算模型

菜单路径：业务工作/财务会计/应付款管理/设置/选项

4. 应付账款的初始设置

应付科目：本币为"应付账款"；采购科目为"材料采购"；委外科目为"委托加工物资"；税金科目为"应交税金-应交增值税-进项税额"。

菜单路径：业务工作/财务会计/应付款管理/设置/初始设置/设置科目/基本科目设置

5. 审核应付款发票

菜单路径：业务工作/财务会计/应付款管理/发票审核

6. 应付账款凭证的制单处理

菜单路径：业务工作/财务会计/应付款管理/制单处理

7. 应收款管理选项设置

应收账款核算模型：选择简单核算模型

菜单路径：业务工作/财务会计/应收款管理/设置/选项

8. 应收账款的初始设置

应收科目：本币为"应收账款"；销售收入科目为"主营业务收入"；税金科目为"应交税金-应交增值税-销项税额"。

菜单路径：业务工作/财务会计/应收款管理/设置/初始设置/设置科目/基本科目设置

9. 审核应收款发票

菜单路径：业务工作/财务会计/应收款管理/发票审核

10. 应收账款凭证的制单处理

菜单路径：业务工作/财务会计/应收款管理/制单处理

11. 在总账中查询应收账款、应付账款凭证

菜单路径：业务工作/财务会计/总账/凭证

思考题：在企业经营活动运作过程中，如何理解业务流与资金流的关系？

实验八　期末处理

【功能概述】

每个会计期末针对各个子系统进行月末结账处理。

【实验目的】

理解月结处理的作用，掌握基本操作。

【实验要求】

以操作员身份进入系统进行操作。

【实验资料】

① 销售系统月末结账。
② 委外系统月末结账。
③ 采购系统月末结账。
④ 库存系统月末结账。
⑤ 存货系统月末结账。
⑥ 总账系统月末结账。

【操作指导】

1. 销售管理系统月末结账
菜单路径：业务工作/供应链/销售管理/销售计划/月末结账

2. 委外管理系统月末结账
菜单路径：业务工作/供应链/委外管理/委外结算/月末结账

3. 采购管理系统月末结账
菜单路径：业务工作/供应链/采购管理/采购结算/月末结账

4. 库存管理系统月末结账
菜单路径：业务工作/供应链/库存管理/月末结账

5. 存货核算系统月末结账
菜单路径：业务工作/供应链/存货核算/业务核算/月末结账

6. 总账系统月末结账
当其他系统的业务都结账完成以后，再在总账系统中进行月末结账处理。
菜单路径：业务工作/财务会计/总账/期末/结账

思考题：在企业经营运作过程中，如何理解供应链管理的思想？